Inhalt

Früchte. Gelegenheiten

Vollkorn.
Zeiten

... und was Süßes.
Dinge und Gedanken

Seelenproviant – Vorwort

Mein Ränzchen habe ich schon oft gepackt: für die Wanderung über Berg und Tal, für die lange Zugfahrt in den Norden, die Radtour am breiter werdenden Fluss entlang. Mitgenommen hab ich was gegen den Durst, ein nahrhaftes, belegtes Brot (immer noch gerne: Gouda oder Salami) und einen Apfel für zwischendurch (nicht, weil ich Äpfel besonders liebte, aber sie bringen halt gut über die Runden) – und als kleines Extra gibt's ein Schokolädchen dazu, oder, wenn es zu warm ist, einen gesunden Riegel. Wenn ich auf Wanderschaft bin – das ist wahr –, lass ich's mir gut gehen!

Dass unser Leben eine Wanderschaft, eine Pilgerfahrt sei, das ist ein altes, christliches Motiv, das sich gewiss auch aus der Erkenntnis speist, dass Jesus ein Wanderer war, der von Dorf zu Stadt zog, um von Gott zu erzählen, Menschen zu heilen, ihnen mit offenem Ohr und offener Hand zu begegnen. An Jesus, dem Wanderer, wird erlebbar, wie Gott selbst mitgeht: vierzig Jahre durch die Wüste, in der wechselvollen Geschichte seines Volkes, mit jedem und jeder auf seinem und ihrem ganz persönlichen Lebensweg.

Um den zu gehen, den Lebensweg, um die Steigungen zu schaffen, die dunklen Talgründe zu durchschreiten, den Pfad am Abgrund nicht zu fürchten, um gut gelaunt loszuschreiten oder sich ab und an Meter um Meter nach vorne zu schleppen – braucht es Proviant, »Seelenproviant«. Ein gutes Schlückchen, ein nährendes Häppchen, einen schmackhaften Bissen, ein kräftigendes Mahl. Wenn ich vor einer schweren Entscheidung stehe, wenn ich nicht weiß, ob rechts oder links, steil nach oben oder querfeldein, wenn eine Krankheit mich zur unfreiwilligen Rast zwingt – oder ich einfach mal etwas zum Lachen ins Herz und auf die Lippen brauche, wenn ein unverhofftes Glück mir schier den Atem raubt oder mir eine Begegnung zu denken gibt ..., dann brauche ich Kraft und die muss genährt sein. Dann sind Reserven nötig, Erfrischungen, dann darf es an Substanz nicht fehlen.

»Seelenproviant« heißt dieses Büchlein mit kurzen, eingängigen Andachten, weil es genau dies den Leserinnen und Lesern bereiten möchte: einen Happen Ermutigung, ein gutes Stück Trost, einen frischen Trunk Lebensfreude. Wenn Sie mögen, nehmen Sie es zur Hand und lassen Sie es sich munden.

Dieses »Andachtsbuch für unterwegs« hat drei Abteilungen: Die »Früchte« im ersten Teil machen Lust auf das Leben, durch das Gott mit uns geht – Alltägliches wird aufgegriffen und auf Gott hin durchsichtig gemacht. Beim »Vollkorn« geht es kernig zu, da haben Sie etwas zum Kauen – hier findet sich Nachgedachtes besonders zum Kirchenjahr. Und das Dessert ist »was Süßes« zum Schluss, da können Sie sich das ein oder andere auf der Zunge zergehen lassen und den Geschmack an Leben und Lebendigkeit behalten. Dieses ganze Menü hat mich zu einem guten Teil in Zeiten beschäftigt, da ich selbst sehr krank und auf der Suche nach Trost und Ermutigung war; da habe ich mich selbst mit Worten und am Wort genährt.

Einige dieser Texte sind als geistliche Kolumnen, als »Gedanken zum Sonntag« im WO, der Sonntagszeitung des Badischen Tagblattes (Baden-Baden), entstanden, andere wurden für die Website der Evangelischen

Landeskirche in Baden (www.ekiba.de) und deren Rubrik »Geistlich – Geistreiches« geschrieben; Dr. Heike Gundacker und Monika Hautzinger sei gedankt, dass sie sich der Texte angenommen haben. Die kurzen Gebetszeilen am Ende der Texte sind nachträglich geschrieben worden.

Am Ende des Buches finden Sie ein Anlass- bzw. Themenregister, um Texte für alle Gelegenheiten schnell wiederzufinden.

Die Mitarbeitenden der Evangelischen Erwachsenenbildung in der Badischen Landeskirche bieten für Menschen, die sich aufmachen und ihre Wanderungen antreten, hervorragende Wegzehrung an – ihnen sei dies Büchlein gewidmet.

Und Sie, liebe Leserin, lieber Leser, mögen dies und das kosten davon, es sich schmecken und sich ermutigen lassen!

Baden-Baden, im Frühjahr 2021

Früchte.
Gelegenheiten

Der Experte

Und jetzt dachte ich schon, ich hätte ihn gefunden – ihn, der's versteht, ihn, der's einfach kann. Mit welchem Gebrechen ich auch komme, er weiß Rat; was immer mich prügelt und plagt, er nimmt's mir ab. Und da sitzt er leibhaftig vor mir, hat ein breites Lächeln und eine starke Hand: Ernesto (Name geändert, versteht sich), Ernesto, der »Wunderexperte«. So steht es auf seinem Namensschild: »Ernesto …, Pflegefachkraft, Wundexperte«.

Ah, äh, Moment, da ist jetzt was falsch – und leider ist es mein Leseeindruck. Wir lachen, als ich ihn darauf anspreche, und nicht ohne Bedauern sagt der Mann an meinem Krankenbett: »Tut mir leid, Herr Weiß, mit Wundern kann ich nicht dienen.« Schade eigentlich, ich könnte ein Wunder gerade ganz gut brauchen – und wie viele Hundert, Tausend, Millionen warten nicht auch auf ihr ganz persönliches, hilfreiches, erlösendes Wunder. Wo ist er, der Wunderexperte?

Manchmal – gerade in Situationen wie diesen, da der Schmerz groß ist und größer noch die Furcht – möchte ich Gott so sehen und ihn in Anspruch nehmen: »Tu doch was, Wundermann!« Aber er verweigert sich – ich weiß nicht, warum.

Vielleicht, weil er eben kein »Wunderexperte« ist, kein göttlicher Alleskönner, der mit arroganter Heiler-Miene durch die Lebensläufe saust und überheblich oder gnädiglich alles zurechtbringt.

Tatsächlich ist Gott ein »Wundexperte«, einer, der mir liebevoll nahe ist, wenn ich verwundet bin, der um die Wunde weiß, die mich so tief verletzt hat. »Durch seine Wunden sind wir geheilt, auf dass wir Frieden hätten« klingt es uns bisweilen vorweihnachtlich aus Händels Messias und aus dem Jesajabuch herüber. Ich weiß nicht, ob das stimmt, aber ich halte mich daran fest. Ich bin ein Experte in Sehnsucht.

Gott, sieh meine Wunde an, nimm meine Hand und halte mich. Ich brauche deinen Trost, jetzt!

Alles Gute!

Es ist noch nicht lange her, da war ich in arger Verlegenheit. Ich sollte ein Grußwort sprechen – was ich ja sehr gerne mache, aber der, der mich darum bat, gab mir einen ganz bestimmten Auftrag: Ich sollte den Leuten, die sich da versammeln würden (Alte und Junge, Jugendliche und Best-Agers) einfach »alles Gute« wünschen.

Ich bin mit Euphorie an die Sache gegangen, um bald zu merken: Hm, »alles Gute« wünschen, das kann ich doch gar nicht.

Ich weiß ja gar nicht, was »alles Gute« eigentlich ist. Für mich sind Erdbeeren gut, Pfirsiche und Haselnüsse – andere reagieren allergisch. Ich finde den SC Freiburg gut (was hier in der Region um Karlsruhe ja nicht so laut gesagt werden darf) und liebe die Tour de France – andere rümpfen die Nase. Gut sind für mich: Bach (klar!), Mozart, Brahms, Bob Dylan und Leonard Cohen – was andere nicht gerne hören. Also: Mit »Alles Gute«-Wünschen bin ich etwas überfordert. Was weiß ich, was alles für diese Menschen, die ich antreffen werde, was für andere überhaupt gut ist?

Da hilft mir nicht mal die Bibel weiter, wo es sprichwörtlich heißt: »Alles Gute kommt von oben!« – im Jakobusbrief steht das. Naja, Blitz und Donner kommen auch von oben – so richtig gut sind die nicht. Und wenn die Sonne so von oben bruzzelt, wie sie's wochenlang getan hat, ist das für Mensch und Tier und Pflanze nur gut, wenn es genug Wasser gibt, für den Durst, für's Eis und im Schwimmbad. Auch der Ziegelstein, der mir einen Scheitel zieht, kommt – wenn's übel kommt – von oben. Ich war (und bleibe) also in Verlegenheit.

Nicht mal die Blickrichtung »nach oben« kann ich empfehlen, denn wer immer nur »nach oben« schaut, ist ein rechter Hans-Guck-in-die-Luft, der Gefahr läuft, den Weg zu verpassen oder über die kleinsten Steinchen zu stolpern.

Alles Gute kann ich einfach nicht wünschen – aber: Ich kann wünschen, dass der Gute, dass Gott an unserer Seite sei. Das finde ich viel hilfreicher. Denn »alles Gute«, das ist doch etwas pauschal, alles Gute braucht keiner, jede und jeder braucht vielmehr sein ganz eigenes Gutes, das, was für ihn und sie gut ist. Das mag bei jedem und jeder ganz anders aussehen – Gott aber weiß bei jedem und jeder darum; weiß, was dir und mir, was Ihnen und Euch guttut: Das ist das kleine Glück zwischen den Zeilen; das ist die Schönheit, die sich plötzlich auftut; das ist die Herausforderung, die auf dem Weg liegt; das ist der Freund, der die Hand reicht; das ist der Mut, den ich im Herzen trage.

Wie auch immer, den Gott, der es gut mit uns meint, mit jeder und jedem Einzelnen, den Gott kann ich uns an die Seite wünschen. D.h. das muss ich ja nicht einmal, da ist er ja schon, schon immer, und heute und morgen auch.

Also: Ich wünsch nicht »alles Gute« – ich sage einfach: Gott ist da und Gott geht mit. In diesem Sinne: Lassen wir es uns gut gehen!

Was gut ist und was nicht – was gut ist für mich und was nicht, das weiß ich oft selber nicht. Weißt du es, Gott? Ich höre deine Vorschläge!

Mitten drin

Rätselhaft, sehr rätselhaft ist dieses Leben! Wie das Wetter kommende Woche wird? Weiß ich nicht. Ob es klappt mit dem Ausbildungsplatz, der Arbeitsstelle? Alles offen. Und ob die in Berlin mal endlich auf die Reihe kriegen, wozu sie gewählt worden sind? Keine Ahnung.

Für solche Verlegenheiten haben die Badener und Badenerinnen ja eine feine Redewendung, die mich immer neu fasziniert, wenn ich sie höre: Wird's was mit dem und der oder diesem und jenem? »Ha, do stecksch net drin!« Toll, was? Da steckst du nicht drin.

Dieser kluge Satz gibt ein ganzes Lebensgefühl wieder; denn so kann sich das Leben anfühlen, so: dass ich gar nicht drin und dabei bin, dass es an mir vorüberzieht, und ich schaue nur zu. Die Entscheidungen über Wohl und Wehe werden anderswo getroffen, mein Schicksal liegt nicht in meiner Hand.

Was das Wetter angeht, mag das ja noch in Ordnung sein, da lass ich mich gerne mal überraschen, aber bei den elementaren Fragen: Was gibt meinem Dasein Sinn? Wie bekomme ich Frieden? Was tröstet mich? – da nicht drinzustecken ist alles andere als hilfreich.

Aber gemach! Der urbadische Satz »Do stecksch net drin!« sagt ja nicht, dass nichts und niemand drinsteckt. Er lässt offen, wer da sonst seine Hand im Spiel hat. Das finde ich sehr tröstlich, weil ich glaube: Gott steckt drin. Ganz ähnlich ruhig, quasi auf die badische Art, sagt Jesus einmal: »Fürchtet euch nicht, kein Spatz fällt vom Dach ohne euren Vater – und er zählt eure Haare auf dem Haupt!« Gott ist dabei, und nichts geschieht ohne ihn, er steckt drin, in allem, was uns bewegt, was uns zustößt, was uns anstößt und beglückt.

Zugegeben, das wirft auch Fragen auf: Will Gott das, wenn es mir nicht gut geht? Warum steckt er bloß drin und handelt nicht, damit Frieden werde in der Welt und in meinem Herzen? Das sind ernste Fragen – das gute aber: Sie haben eine Adresse. Wenn Gott drinsteckt, dann kann ich ihn auch ansprechen, zur Verantwortung ziehen, anfragen und anklagen.

Und gibt er dann auch Antwort? »Ha, do stecksch net drin!«, oder doch? Doch, Gott nimmt uns mit hinein, in seine Lebendigkeit, seine Weite und Tiefe. Da sind wir zuhause, mitten drin!

Froh bin ich, mein Gott, dass du nicht nur irgendwie in der Nähe bist oder mir gar vom Himmel aus zuschaust. Du bist an meiner Seite, du bist gegenwärtig, gleich bei welcher Gelegenheit, in jedem Augenblick.
Das beruhigt mich!

Alles hat ein Ende

Mit dem Spargel ist jetzt Schluss, heut am Johannistag wurden die Spargelmesser und -kellen weggepackt (und unser häuslicher Spargelschäler auch) – mir leuchtet dieses offensichtlich unverrückbare Datum nicht ganz ein, aber berufenere Geister (und Spargelbauer) müssen's ja wissen. Auch mit den Erdbeeren hat's bald ein Ende; wir müssen rasch noch Marmelade kochen. Überhaupt: Es neigt sich vieles dem Ende zu: die Atomkraft (ist zu hoffen), das Stinkauto mit CO_2-Ausstoß (soll jedenfalls), Korallenatolle (die erbleichen!), der Schneeleopard und der Orang Utan (stehen auf der Liste bedrohter Arten), die Karriere von Ronaldo (vielleicht), mein Handy-Vertrag (ganz sicher) ... ich selber auch und in ein paar Milliarden Jahren der ganze Planet. Und wenn ich sehe, was politisch für unsere Zukunft und die unserer Kinder getan wird, dann ist eh schon Schluss mit lustig.

Nichts besteht für immer. Was wie die altersweise Einsicht ergrauter Häupter klingt, ist eigentlich ganz schön beängstigend. »Alles hat seine Zeit« – die lapidare, biblische Erkenntnis des lebensklugen König Salomo ist eher nicht so ermutigend. Alles hat ein Ende, »nur die Wurst hat zwei« sang vor dreißig Jahren Stefan Remmler von »Trio«, aber es ist höchstens ein zweifelhaftes, sarkastisches Grinsen, das mir da über die Lippen geht. Wenn der Schluss die Aussicht ist, dann verdirbt mir das doch die Laune.

Aber wissen Sie was? Ich glaube das gar nicht. Ich glaube nicht, dass alles ein Ende hat. Zuerst spricht die

Erfahrung dagegen: Spargel gibt es kommendes Jahr auch wieder, und Erdbeeren in Hülle und Fülle. Und dann spricht Gott selber dagegen: In der Bibel ist wohl manchmal vom Tod eines Menschen und vom Ende der Welt die Rede – aber Tod und Ende sind immer nur Übergänge, wie eine Schwelle, die ich überschreite, wie ein Tor, durch das ich trete. Im letzten Buch der Bibel heißt es im vorletzten Kapitel: »Gott wird abwischen alle Tränen und der Tod wird nicht mehr sein.« Das ist eine sehr, sehr weite Perspektive für die Zeit nach dieser Zeit. Das ist unsere Perspektive, für Mensch und Welt, für Sie und mich, für Eisbär und Koralle. Und für Ronaldo genauso, auch wenn der mal in sich gehen könnte …

Ob das stimmt? Wir werden es sehen. Ich betone: Wir werden!

Aller Anfang kommt von dir, Gott, und jedes Ende tut das auch. Vom Anfang bis zum Ende – ich vertraue dir.

Aufhören!?

»Ach, hör doch auf!« – denk ich regelmäßig, wenn ich mich (meist montags) hinsetze, um einen solchen »Gedanken zum Sonntag« zuwege und auf den Weg zu bringen. Manchmal fürchte ich, Ihnen, den Leserinnen und Lesern, könnte es gerade so gehen: Dass sich Ihnen beim Lesen des »Gedankens« ein leises »Ach, hör doch auf!« ins Hirn schleicht …

Ans Aufhören denk ich, weil mich der Zusammenhang erschüttert, in dem der Sonntagsgedanke in der Zeitung abgedruckt ist. Ich weiß natürlich nicht, wie es heute, gerade jetzt aussieht, aber die Lesererfahrung welcher Zeitung auch immer lehrt: Da finden sich Berichte über Erdbeben, Hochwasser, Dürre neben Bildern aus dem Syrienkrieg oder Unfällen auf unseren unsicher gewordenen Straßen; da wird vom Tod eines Kindes erzählt, von Anschlägen irgendwo in unserer europäischen Nachbarschaft oder von Einbrecherbanden. Ganz ehrlich: Mich macht das immer wieder sprachlos. Angesichts all der Not und der politischen und persönlichen Katastrophen kommt mir das, was ich hier schreibe, billig vor, unangemessen, wie ein »Eiapopeia vom Himmel« (wie Heinrich Heine einmal ironisch gedichtet hat). Spucke und Sprache bleiben mir weg – »Ach, hör doch auf!«

Das sollte ich wirklich tun, finde ich. Sollte ich tun, wenn, was ich zu sagen habe, nur auf meinem erbärmlichen Mist gewachsen wäre, wenn da nichts wäre als meine kleine, begrenzte Sicht. Mein Horizont ist eng, da ist zu viel, was ich nicht begreife (und ich gebe mir Mühe, echt!).

Gottes Horizont aber ist weit – und der (Gott mit seinem Horizont) ist der Einzige, der rechtfertigt, dass ich nicht still bin und aufhöre. Gott tritt dafür ein, dass »in der Gefahr« »das Rettende« auch wächst (dichtete Hölderlin) – er hat sein Wort gegeben. Und sein Wort ist es, worauf ich mich verlasse und wovon ich Ihnen erzählen und schreiben kann. Ich höre damit nicht auf, weil Gott nicht aufhört, seine Welt im Blick zu haben, ihr Zukunft zu eröffnen, leise und hilfreich zu wirken: bei uns, in uns, mitten unter uns.

Ans Aufhören werde ich immer mal wieder denken, aber ich glaube, solange Gott uns nicht loslässt, halte ich durch. So im Stillen denke ich ab und zu: »Gott, fang an ... uns zu zeigen, wo du wirkst, damit wir mutiger werden!« Wo ich ihn wirken sehe, wirken glaube – davon schreibe ich (fröhlich) weiter. Bis Sie dann doch mal sagen: »Is' jetzt genug! Hör auf!«

Mein Gott, ich hör nicht auf, dich beim Wort zu nehmen. Hör du nicht auf, dich hörbar zu machen, und zu tun, was du zu tun versprichst!

Fallen lassen

Und ich dachte, damit wäre ich durch. Aber nee! Immerhin, ich bin Ende fünfzig, da sollte der Mensch das Kapitel abgeschlossen haben. Tja, denks'te: Ich muss in meinem hohen Alter wieder laufen lernen. Hätte ich nicht für möglich gehalten, aber es ist so: Nach einer Operation an der Wirbelsäule kann ich meine Schritte nicht mehr setzen, es fehlt an Stabilität in Hüfte, Becken und Beinen, die Füße probieren gegen meinen Willen aus, sich querzustellen, das Gleichgewicht hat beschlossen, zu tanzen. Ich muss wieder gehen lernen.

Und das tu ich, mit Theraband, Barren und Rollator, ein sehr freundlicher Physiotherapeut hilft mir dabei. Der versteht's zu ermutigen: »Gut machen Sie das, Herr Weiß. Merken Sie's, die Kraft kommt wieder?!« (Ich merk's nicht, aber er ist ja der Fachmann).

Vor ein paar Tagen meinte er: »Kriegen Sie hin, haben Sie schon mal gelernt.« Und das ist unabweisbar: Als kleines Kind, da hat es nicht lange gedauert und ich bin umhergesprungen wie ein Kitz. Was damals anders war, wo es mir heute sichtlich Mühe macht, wollte ich wissen. Da sagt mein Therapeut (ganz offensichtlich nicht nur fürs Physische): »Na, Herr Weiß, damals konnten Sie besser fallen.«

Dieser Antwort hat mich begeistert. Wer gehen lernen will, muss sich fallen lassen können, ohne Furcht. Und Furcht zu fallen habe ich oft. Da geht mein Weg durch dunkle Täler und ich habe Angst zu stolpern; da schaue ich in Abgründe und mir wird schwindelig; da werden vom Anstieg die Beine schwach und es nimmt **23** mir den Atem. Sie wissen, wovon ich rede: von all den Umwegen, Holzwegen, den Durststrecken, die das Leben bereithält für uns. Die bewältigen wir, wenn wir uns fallen lassen können. Und können wir es nicht, wenn wir wissen: »Du kannst nicht tiefer fallen als nur in Gottes Hand, die er zum Heil uns allen barmherzig ausgespannt« (Arno Pötsch)?

Doch, das müsste gehen. Ein Kind bin ich schließlich immer noch, ein Gottes-Kind. Ich will es versuchen.

Mein Gott, ich wage das jetzt: mich fallen zu lassen. Ich vertraue mich dir an – du siehst: Ganz leicht fällt mir das nicht. Aber ich versuche das jetzt – und du lässt mich nicht im Stich!

Gar nicht so klein!

Vielleicht ist Ihnen das schon mal aufgefallen: Wer einen Hund sein Eigen nennt, wird unwillkürlich kleiner! Denn es ist ein »Herrchen«, das dem Pudel zu platzen befiehlt, und ein »Frauchen« wird vom theutschen Teckel durch den Wald geschleift. Seltsam, oder? Aber es sind eine Menge Verkleinerungen im Schwange: Auf schwäbische Mittagstische kommen einfach keine Spatzen, »Spätzle« aber doch, wer ein »Quäntchen Glück« hat, rechnet wohl nicht mit mehr (Wer weiß denn noch, was ein »Quant« ist?), und Kinder werden »Märchen« zugemutet, die kernig-kräftige Mär eher nicht.

»Diminutive« nennen sich diese Worte grammatikalisch – Verkleinerungsformen (wobei »Diminutiv« korrekt zu schreiben, geschweige denn auszusprechen, schon keine Kleinigkeit ist!). Da gibt es ganz nette: Ohrläppchen, Fischstäbchen, Rotkehlchen (es klänge doch auch wirklich übel: Ohrlappen, Fischstab, Rotkehl) – und ganz gemeine: Modepüppchen, kleines Würstchen, Bübchen. Das Evangelische Gesangbuch kennt auch ein paar Mini-Ausgaben: »Weißt du, wieviel Sternlein stehen, Mücklein spielen, Fischlein sich kühlen?« Dabei sind die Himmelskörper doch Mordstrümmer, geht mir die dicke Mugg' auf den Geist, ist der fette Karpfen beleidigt, wenn er so was hört!

Sogar Gott kommt klein daher – jedenfalls bei meiner berlinernden Großmutter, die in Schrecksekündchen das Händchen vor das Mündchen schlug und »Ach, Jottchen!« rief.

Sie war eine sehr weise Frau. Tatsächlich macht Gott sich klein; er begegnet uns auf Augenhöhe. Davon erzählt Jesu Lebensgeschichte, von der Geburt im Ställchen bis zur Auferstehung im Ostergärtchen, in seinem menschlichen Angesicht schaut Gott uns an und sagt: »Ihr seid mir nicht zu klein; ich bin an eurer Seite, ich gehe mit euch.« Wir sind für Gott eben keine »Menschlein«, keine »armen Würstchen«, keine »Knäb- und Mägdelein«, wir sind die, die er liebt – und das ist etwas sehr, sehr Großes! Für Gott kommen wir im Diminutiv einfach nicht vor. Da beißt kein Mäuschen ein Fädchen ab!

Das gilt gerade dann, wenn es nicht mehr nur so ein bisschen »Ach, Gottchen!« ist, das uns von den Lippen kommt, sondern wenn uns das schwere »Ach, Gott!« ganz hart auf der Seele liegt und wir kein Wörtchen mehr hervorbringen. Gott hat uns im Blick (und ein »Blickchen« gibt es nun mal nicht); Gott reicht uns seine Hand – und er hat einfach ein Händchen für die, die er sich zu Herzen gehen lässt. Das sind wir.

Nein, ich bin dir nicht zu klein, du machst dich nicht zu groß – du sorgst dafür, dass wir zueinander passen. Mit deiner Liebe liebst du uns ins richtige Maß, damit wir einander in die Augen schauen und uns die Hände reichen.

Fankultur

Wenn Sie mutig sind, dann nehme ich Sie jetzt mal bei der Hand und betrete ein Minenfeld. Das des deutschen Fußballfan-Wesens oder -Unwesens (je nachdem). Müsste ich mich outen (was ich hiermit tue), dann trüge ich samstagnachmittags am ehesten Schal und Trikot des SC Freiburg (was so nahe an Karlsruhe schon nicht immer ganz gut kommt, weiter östlich, im Schwabenländle zu echten Konflikten führen kann ...), der »Kultverein«, der etwas von der weltläufigen Provinzialität seiner Heimat in die Liga einbringt, hat meine Achtung, auch wenn ich mich zum Badner-Lied (»Das schönste Land in Deutschlands Gaun ...«) dann doch nicht versteige. Für die »Piraten« von St. Pauli oder die »Grün-Weißen« von Bremen hege ich da ähnliche Sympathien.

Die Fan-Kultur hat freilich üble Auswüchse: Krawall und Bengalos, rechte Hooligans, Stadion- und Straßenschlachten, Lokal- und Nationalchauvinismus, Sexismus und Homophobie, Rassismus und die eitlen Balleteusen auf dem Platz mit ihren Jubelposen – ah, geh fort! Was mir freilich gefällt, ist echte Fan-Kultur (die das Wort »Kultur« zurecht und mit Stolz trägt): Wenn Fans einander und die Leidenschaft für das je andere Team achten, wenn Kinder erfahren, was Fairness bedeutet, wenn Spieler*innen und Chefetagen mit den Anhänger*innen im Gespräch sind. Eine besonders schöne Blüte ist, wie ich finde, die Fan-Freundschaft; die SC Fans leben mit den Schalkern eine: Die Leute begrüßen einander freundlich, freuen sich über die **27**

Spielkultur, den gelungenen Trick, die herausragende Parade mit, und gibt es einen Spieler oder Fan zu betrauern, verharren auch die Freundschaftsfans still in der Schweigeminute.

So, und nun verlasse ich das Minenfeld wieder mit Ihnen und mache einen großen Schritt. Hinein ins Biblische (auch ein Minenfeld manchmal, aber öfter fruchtbar-blühendes Terrain). »Siehe, wie fein und lieblich ist's, wenn Geschwister einträchtig beieinander wohnen!«, singt David (mit all seiner Lebenserfahrung gewiss) im 133. Psalm. Ich stelle mir vor, wir Christinnen und Christen in unseren Kirchen, und wir Menschen, die wir uns von unseren religiösen Traditionen her verstehen, und alle, die von anderen oder gar keinen religiösen Überzeugungen herkommen, als Muslime, Buddhisten, Atheisten und so fort – wir alle lebten eine Art Fan-Freundschaft. Denn darin sind wir doch verbunden, dass wir uns das Spiel des Lebens gefallen lassen möchten, dass wir jedes Foul beklagen, es nicht schätzen, wenn das Lebensspiel langweilig oder unerträglich wird. Und darin, dass wir uns fragen, was denn auf uns zukommt und was wir dann tun, wenn die Spielzeit zu Ende und das Leben abgepfiffen ist. Auch wenn wir uns unter unterschiedlichen Farben sammeln und unsere Fan-Gesänge anders klingen, da können wir lernen voneinander, über die Grenzen der Konfessionen und Weltanschauungen hinweg. Die »Eintracht«, von der David singt, meint nämlich nicht: Einförmigkeit, Einheitsbrei und Harmoniegetue (Brrr!), vielmehr, dass wir aufeinander angewiesen sind und eine reiche, bunte Menge zu teilen haben.

Einen Versuch (ach was, abertausende!) wäre es wert, die angewandte, zwischenmenschliche Fan-Freundschaft – und wenn's dann auch noch »fein und lieblich« herauskommt, das ist doch alle Neugierde wert!

Mein Gott, ich will mich von dir her verstehen und mein Leben gestalten nach deinem Wort, mit Leidenschaft, und ich will mich auftun, für die Weisheit und die Erfahrung anderer, mit eben dieser Leidenschaft.

Der Film meines Lebens

SchleFaZ – kennen Sie die? SchleFaZ sind die »Schlechtesten Filme aller Zeiten«, Filme, die Titel tragen wie: »Die Rache der Killerfische«, »Der Dampfhammer von Send-Ling« oder »Sharknado« (eine Mischung aus »Weißer Hai« und »Tornado«) und »Jack Frost – Der eiskalte Killer«. SchleFaze zeichnen sich dadurch aus, dass sie unterirdisch schlechte Handlungen mit unterirdisch schlechten Akteuren in unterirdisch schlechten Dialogen erzählen – und dass sie von zwei SchleMa-Zen (»Schlechteste Moderatoren aller Zeiten«) kommentiert werden. Auf tele5 können Sie sich das (nun schon in der fünften Staffel) zu Gemüte führen. Ich verweile da immer so meine drei, vier SchleMideWo (»Schlechtesten Minuten der Woche«) beim Durchzappen – mehr hält der Mensch nicht aus.

Das heißt … manchmal muss er mehr aushalten, viel, viel mehr: das Gefühl, im falschen Film zu sein, oder gleich im ganz persönlichen, höchst eigenen SchleFaZ. Zwar ohne Kommentar, aber den braucht es auch gar nicht, alles fühlt sich nicht richtig, irgendwie schlecht an, und ein Happy End ist nicht in Sicht, eher ein dunkeldüsteres Finale, in dem nicht mal mehr der Film-Sarkastiker etwas zu lachen hat. Beim Spartensender hilft die Betätigung der Fernbedienung, im eigenen Lebensfilm leider nicht. Dabei würde ich so gerne mitspielen: in einem der »Besten Filme alle Zeiten«, oder wenigstens mal in einer kleinen, sympathischen Nebenrolle bei »Game of Thrones« oder den »Fallers«, als Sonny-Boy oder -Girl bei Rosa Pilche-Munder (oder wie die heißt) oder als Pfarrer im »Tatort« (Hey, Redakteure, aufgemerkt!). Wird aber nichts, bleibt ein »Film Noir«.

Das heißt ... es kommt schon auf den Regisseur an, ob der Streifen meines Lebens ein Flop oder ein Kultfilm wird.

Nicht schwer zu erraten, mit wem ich da ganz gute Erfahrungen gemacht habe, am Set meines Lebens, in all den Rollen, die mir das Leben auferlegt hat oder die ich mir selbst habe wählen können. Gottes Regiearbeit zeichnet aus, dass er mich improvisieren lässt, dass er mir zutraut, diesen ganzen langen Film mitzugestalten. Das Drehbuch wird im Dialog entwickelt, hier und da gibt es Rat und Hilfestellung und ab und zu einen kleinen, deutlichen Wink, wenn ich unter meinen darstellerischen Möglichkeiten bleibe.

Nach drei, vier Minuten SchleFaZ bin ich heilfroh, dass ich mich für den Rest meiner Tage dem göttlichen Filmemacher anvertrauen kann! Und die SchleMaZe schweigen verblüfft!

Gott, lass mich ab und an in dein Drehbuch schauen, lass uns die Rolle, die ich spielen soll, gemeinsam entwickeln. Du hast mich mit viel Talent begabt, lass es mich leben!

Feste Überzeugungen

Gegen Wände zu laufen – ich liebe es nicht; blaue Flecken oder schlimmere Gebrechen können die Folge sein. Gegen Betonköpfe anzudiskutieren hat ähnliche Konsequenzen; du redest dir den Mund fusselig und erreichst doch nichts, außer Ärger und ein paar Beulen an der Stirn. Es gibt eine Menge Uneinsichtige, denen Denken einfach zu anstrengend ist und die die eigenen Argumente schlüssig genug finden – warum sich noch um andere bemühen?

Und dann gibt es noch die Sorte der »fest Überzeugten«. Ist Ihnen das schon mal aufgefallen, wie viele Politiker und Politikerinnen mit Inbrunst behaupten: »Ich bin der festen Überzeugung ...«? Ehrlich gesagt: Ich finde »feste Überzeugungen« geradezu beängstigend. Nicht nur, weil der solcherart Überzeugte in der Regel vorgibt, seine Überzeugung sei schon Begründung genug und er müsse sich nicht mehr die Mühe machen, für seinen Standpunkt zu werben. Viel mehr noch: Wer »fest« überzeugt ist, signalisiert deutlich, dass er zum Dazu- und Weiterlernen offensichtlich nicht mehr bereit ist und für Argumente und neue Einsichten nicht mehr zugänglich.

Darum sag ich das mal mit fester Deutlichkeit: Ich bin von meinem Glauben nicht »fest überzeugt«! Also: überzeugt schon, aber nicht fest, unverrückbar, unabänderlich, unzweifelhaft. Vielmehr: Ich hege feste Zweifel, mit Nachdruck und aller Kraft, denn: Gott ist für eine Menge Überraschungen gut. Ich bin sicher, ab und zu schlägt er sich auf die Schenkel und lacht laut über meine Überzeugungen, die doch so ungelenk und so menschenbildlich sind. Er ist viel weiter, tiefer, größer, kleiner, bunter und heller, als ich das für möglich halte, auch braucht er viel, viel mehr Raum als meine Glaubenssätze, Erfahrungen und Einsichten ihm bieten.

Außerdem ist er kein Gott mit Standpunkt, sondern mit Spielbein und Wanderschuhen. »Ich gehe mit, wohin du auch gehst« – das ist in eine der Grunderfahrungen derer, die sich Gott öffnen. So hat er es Abraham gesagt, Joshua, dem Volk Israel – und so hat er es in Jesus gelebt, der auf unseren Straßen ging, der auf der Hochzeit tanzte und auf den Wellen ritt (oder ging …). Gott hat keine »festen Überzeugungen«, aber eine feste Liebe, die nicht loslässt, die Schritt hält, begleitet und bewegt.

Davon bin ich (ausnahmsweise) fest überzeugt, darum sperre ich die Augen auf und die Ohren, darum öffne ich mein Herz und lasse mich von Gott überraschen. Kein Schade, wenn er mich aus der Bahn wirft, wenn mir die Spucke wegbleibt und meine Überzeugungen ins Wanken geraten. Das hilft hervorragend gegen Starre und Unbeweglichkeit!

Ja, mein Gott, rüttle an mir, rüttle an allem, was ich für wahr und richtig halte, damit ich neue Perspektiven gewinne, neue Einsichten. Sei mir der lebendige Gott, der sich nicht festlegen lässt!

Ganz normal

Der Herr Pfarrer W. aus BB – ich weiß ein wenig über ihn, auch wenn wir einander noch nicht wirklich kennen –, der Herr Pfarrer W. aus BB ist ein rechter Kauz und hat seltsame Angewohnheiten. Manchmal setzt er sich auf die Parkbank in der Allee, zum »Leute-Gucken«. Das geht dann wie beim Blümchenspiel »Sie liebt mich, sie liebt mich nicht« – nur fragt er, wenn die Leute an ihm vorüberflanieren: »Getauft? Nicht getauft?« Woher will er das denn wissen?

Der Herr Pfarrer W. vermutet wohl, getauften Menschen sei das irgendwie anzusehen. Ob sie wohl anders lächeln, heller vielleicht, freundlicher dreinschauen, einen Heiligenschein tragen, den freilich nur sie selbst (und Herr Pfarrer W.) entdecken können? Friedrich Nietzsche war's, der frech aber treffend behauptete, er würde den Christen ja gerne glauben, wenn sie nur fröhlicher ausschauten. Dagegen ist kaum etwas einzuwenden.

Denn Christenleut sehen grad so normal aus wie andere Leut auch: ganz normal.

Aber ist das nicht das ganze Geheimnis der Taufe? Wer getauft ist, schreibt Paulus einmal, der ist in den Tod und die Auferstehung Jesu hineingetauft, der geht – anders gesagt – den Weg Gottes mit. Und Gottes Weg führt mitten hinein ins ganz normale Leben, in seine Abgründe und Schatten, seine Höhen und Hoffnungen. Da, wo Leben gefährdet ist, durch Schwermut, Krankheit, Tod, und dort, wo Leben gefeiert wird, bei Lachen und Liebesspiel, bei Versöhnung und Gastmahl, da ist

Gott mittendrin. Er trägt das Schwere mit, er freut sich am Lebensleichten. Und wo das Dunkle überhandzunehmen scheint, da lässt er Licht aufgehen.

Doch Gott macht's selten spektakulär, er wirkt liebevoll – also leidenschaftlich und leise. So ist es mit der Liebe nämlich: Sie tritt nicht mächtig auf, triumphiert und überfordert nicht, sie verrichtet ihr Werk still und in der Tiefe; sie trötet nicht lauthals, sie tröstet leise. Die Lauten schweben über den Dingen (und Menschen), die Liebenden sind unaufgeregt mitten dabei. So menschennah ist der liebevolle Gott, dass er mit allem Menschlichen verwechselt werden kann. Lässt sich nicht sagen, wann und wo er wirkt, aber dass er's tut, das steht fest, das ist – sozusagen – ganz normal. Verlässlich.

Der Herr Pfarrer W. aus BB, der weiß das vielleicht auch. Darum ist er, wenn er aufsteht von seiner Parkbank, auch nicht unzufrieden. »Getauft? Nicht getauft?« Es sind doch alles so normale Leut, er hat's nicht herausbekommen. Aber bei diesem Gott ist das auch ganz normal.

Gott, ich danke dir, dass ich mich auf dich verlassen kann, auf deine liebevolle Zuwendung, die du verschenkst ohne Wenn und Aber. Wenn es mir dann mal nicht gut geht, wenn da zu viele »Aber« in meinem Leben sind, dann vertraue ich dir – das ist ganz normal.

Gut behutet

Im Urlaub, auf Borkum, da hab ich mir einen Bogart gekauft (aber ich meine nicht die DVD von »Casablanca«), in einem dunklen, dezenten Blau, der steht mir ganz gut. Gern trag ich den australischen Hirtenhut, sehr, sehr selten den Trachtenhut aus grauem Filz, den ich mal geschenkt bekommen habe, auch der Stetson bleibt eher liegen. Den Borsalino mag ich sehr, trägt sich leger, der Porkpie ist so gewagt wie dieser unsägliche Sommerschlapphut aus Jeansstoff, den ich nur auf dem Kopf habe, wenn ich inkognito bin. Einen Zylinder hätte ich gerne und eine Melone auch, aber wann sollte ich die aufsetzen? Und eines Tages investiere ich all mein Erspartes in einen echten Panamahut! Ein Sombrero, ein Fes und ein Turban fehlen mir allerdings auch noch.

Mützen mag ich ebenso! Ich habe Ballon-, Schieber- und Baskenmützen, selbst gehäkelte (also nicht von mir selbst, aber es gibt ja hilfreiche Zeitgenossen) und maschinengefertigte Army Caps und Beanies (die so schräg nach hinten gezogen werden), Pudelmützen, Bommelmützen, Pelzmützen ... aber keine Basecaps, die hab ich nicht so gern.

Was ich gern habe – das merken Sie: gut »behutet« sein. Es ist toll, am Kopf nicht zu frieren, bei Regen am Haupthaar nicht nass zu werden und eine Krempe zu haben, die Schatten wirft, wenn die Sonne sticht.

Gut behutet bin ich gerne, gut behütet auch! Es ist toll, wenn die Seele nicht erfriert, wenn bei den Unwettern des Lebens Kopf und Herz nicht leiden müssen, wenn ich Schatten finde an allzu heißen Tagen. Die gibt es ja, die sind unausweichlich.

Dann ist es gut zu wissen: Ich habe Gott auf meiner Seite, wenn Not ist, ich bin bewahrt, wenn ich nicht weiterweiß, er hält seine Hand über mich, wenn es stürmisch zugeht. »Ich liege, Herr, in deiner Hut und schlafe ganz mit Frieden ...«, dichtete Jochen Klepper vor gut 80 Jahren in sehr friedloser Zeit. Und stellte sich dabei nicht vor, »unter Gottes Hut« (oder Mütze, Cap, Sombrero) zu liegen oder zu stehen. Er meinte nicht, dass Gott da über eine Kopfbedeckung verfüge, unter der jede und jeder Platz fände – was müsste die für ein breite Krempe haben? Die Worte »der Hut« und »die Hut« haben denselben Ursprung: Wie ein Hut schützt, so bin ich unter der Hut Gottes aufs Beste bewahrt.

Nun, Hüte kann ich kaufen, auf Jahrmärkten, beim Grossisten, im wohlsortierten Fachhandel. Wie komm ich zu Gottes Hut? Erstehen kann ich sie nicht, nur – annehmen. Denn die ist zugesagt, die ist versprochen: »Siehe, der Hüter Israels schläft und schlummert nicht!« (Psalm 121). Gottes Hut gibt es kostenfrei, für umme, geschenkt. Und es gibt sie passgenau, für exakt meine Hutgröße (57!) und immer genau dann, wenn das Wetter dräut, wenn der Wind zu frisch und zum Sturm wird, wenn es zu hell und zu grell zugeht. Gott ist auf der Hut, stets und unverbrüchlich, Gott passt auf.

Gut behutet bin ich gerne, gut behütet sind wir in jedem Fall!

(So, und um der Wahrheit die Ehre zu geben: So viele Hüte und Mützen besitze ich gar nicht, hat nur Spaß gemacht, so zu tun als ob. Gott tut nicht »als ob«. Gott behütet! Punktum!)

Gott, ich berge mich bei dir, in deinem Schatten, in deiner Wärme – und ich fürchte nichts und niemanden, behütet von dir!

Lebensqualität

Menschenskind, alle Welt ist in Urlaub ... naja, nicht alle, aber viele doch. Die wandern jetzt über Bergspitzen, plantschen im Meer herum oder liegen in irgendeinem Liegestuhl auf der sonnenbraunen, faulen Haut. Und ich? Ich hocke in meinem schattigen Arbeitszimmer und mache: Qualitätsmanagement! Mein Arbeitgeber fordert das, für einen Teil meines Geschäftes. Darum beschäftige ich mich jetzt mit meinem »Qualitätsverständnis«, mit »Geschäftsführung« und »Marketing«, mit »Informationsmanagement« und »Serviceleistung«. Sapperlot, ich tät auch gern ausspannen und Abenteuerfahrten unternehmen. Aber nö: Ich manage Qualität.

Das heißt: Ich schreibe Tabellen, zeige Managementprozesse auf, erfinde Checklisten und definiere Entwicklungsmöglichkeiten. Gähn!

Dabei – das muss ich schon sagen – wäre etwas mehr Qualität gar nicht schlecht. Da meine ich nicht die kirchlichen Angebote, sondern das Leben im Kleinen und Feinen, Großen und Ganzen: Lebensqualität.

Für die gibt's tatsächlich auch Qualitätsanforderungen: Die Weltgesundheitsorganisation (WHO) hat sie vor bald 70 Jahren definiert: Laut WHO umfasst Lebensqualität in Anlehnung an »Gesundheit« das körperliche, psychische und soziale (Wohl)Befinden eines Individuums. Das wird für jede und jeden ein bisschen anders aussehen, aber ob ich gesund bin, lachen kann und Freunde habe, das sind doch messbare Tatsachen.

Oder auch nicht. Wenn ich nämlich krank bin und weinen muss und Freunde sich abwenden, dann helfen auch Tabellen und Qualitätsdefinitionen nichts. Dann ist die Lebensqualität im Keller.

Es gibt noch eine andere Qualität, die sich nicht messen lässt, die von uns nicht gemanagt werden kann, die unvergleichlich ist: die Güte Gottes. Und – heißt es in einem uralten Qualitätshandbuch, das zur Lektüre empfohlen sei – »die Erde ist voll der Güte des Herrn« (Psalm 33). Das heißt wohl: Lebensqualität muss ich nicht managen oder leisten, ich muss sie suchen. Und wer sucht (siehe Qualitätshandbuch uralt!), der findet.

Da ist ein sehr verheißungsvoller Satz, der mich aus dem Arbeitszimmer holt, der mir die Augen öffnet und meine Neugierde anfacht. Die Güte Gottes ist da, ich mache mich auf, sie zu entdecken.

Aber o.k., muss ja sein: Erst noch ein bisschen schnödes Management am Arbeitsplatz. Aber dann drehe ich noch 'ne Runde und abends gibt's ein köstlich-kühles Bier. (Über Bier sollt ich auch mal was schreiben ...).

Du bist gut zu mir – du meinst es nicht nur gut, du tust mir gut. Ich bin bewahrt und umfangen von deinem Qualitätszirkel, von allen Seiten umgibst du mich und mir geht es gut – ich kann ruhig sein.

Fremd und vertraut

Geht Ihnen das auch so? Fremde – befremden mich. Schon die Sprache macht Schwierigkeiten: Spricht mich einer auf Englisch an, kann ich noch irgendwie radebrechen; im Französischen verfüge ich über einen höchst ausbaufähigen Wortschatz; am Russischen scheitere ich (Ich weiß nur, dass da anders geschrieben wird), des Chinesischen bin ich nicht mächtig und Suaheli geht eher auch nicht. Fremde – und ich bin nicht frei von Vorurteilen: Ein schwarzes Gesicht im Stadtbild ist für mich noch nicht Alltag – es fällt mir auf (vielen Jugendlichen kaum noch, Gott sei Dank!); begegne ich einem Roma, hole ich innerlich die Wäsche von der Leine (Ein Spruch, den meine Großmutter noch geglaubt hat); und höre ich Arabisch (herrliche Sprache!), denke ich neben der beeindruckenden, arabischen Kultur (der wir Abendländer viel zu verdanken haben!) leider auch an Bomben.

Fremde – befremden mich. Ich muss das eingestehen: Ich bin unsicher.

Aber müsste es doch nicht sein. Jesus, der ganz offensichtlich keine Beziehungsängste hatte: Er ging auf die Leprakranken zu und umarmte sie, er speiste bei den Verfemten und machte sich mit den Armen gleich, auf die keiner mehr was gab; er machte einen Fremden, den »Samariter«, zum Gleichnis für Menschlichkeit ... Jesus gesellt sich zu den Fremden. »Ich bin ein Fremder gewesen und ihr habt mich aufgenommen!«, lobt er im Gleichnis vom großen Weltgericht die, die es getan haben – und er ermutigt alle: »Was ihr einem dieser Geringsten tut, das tut ihr mir!«

Wenn das so stimmt, dass Jesus, dass Gott mit den Fremden ist (gerade so wie mit mir!), dann ist der Fremde schon nicht mehr so fremd, dann haben wir eine Gemeinsamkeit, die größte, tiefste, weiteste Gemeinsamkeit, die es geben kann: Wir gehören zu Gott. Wir gehören in der Tiefe unseres Menschseins zusammen.

Das mag in der unmittelbaren (und eben bisweilen befremdenden Begegnung) nicht gleich zu spüren sein, aber es gründet unser Miteinander jenseits der Grenzen von Sprache, Farbe, Religion. Und Furcht ist nicht am Platze, Unsicherheit kann der Neugierde weichen, das Befremdliche wird zur Lernerfahrung. So macht sich Gott mir vertraut, überraschend und horizonterweiternd – im Fremden.

Das scheint sich zu lohnen!

Lohnt es sich, Gott, wenn ich mich befremden lasse, wenn sich meine Grenzen erweitern, wenn ich wage, nicht alles im Griff und nicht alles verstanden zu haben? Lohnt sich das? Ja? Dann versuch ich es!

Fürwahr

»Ja freili!«, ruft der kernige Bajuware, wenn er – ein wenig polternd – etwas bestätigt wissen will. »Und übrijens!«, schnäbelt die redselige Berlinerin, wenn sie noch dringend etwas anmerken muss. Wenn welcher Landsmann auch immer etwas »ganz nebenbei« zu verlautbaren hat, dann hat es was zu bedeuten.

Ich mag diese Worte. »Freilich« hat den Klang von Freiheit, der Freiheit auch, so zu sprechen, wie einem der Schnabel gewachsen ist (dem gemeinen Bayern würde es eh schwerfallen, das nicht zu tun). Wer »übrigens« noch etwas zu sagen hat, deutet an, dass es unter dem vielen Üblichen noch etwas Besonderes gibt, und was »nebenbei« zur Sprache kommt, liegt selten nur daneben, sondern ist für den, der spricht, vor allem anderen bedeutsam und wichtig. Es sind Worte der Bestätigung, sie betonen: »Hey, aufgemerkt! Die Ohren aufgesperrt! Was hier gesagt wird, ist nicht nebensächlich.«

Die Bibel hat auch solche Worte, sie heißen: fürwahr und wahrlich. Also, im Original steht da »Amen«, was etwa »So soll es sein!« bedeutet und was darum nicht ohne Sinn und Verstand am Ende von Gebeten gesagt wird. Was ich erbitte, das soll – bitteschön – auch geschehen.

Beim Vaterunser ist das so und bei unseren gottesdienstlichen Gebeten natürlich auch. Die Bibel hat das – wie sie's ja gerne mal tut – auf den Kopf gestellt, bei ihr kommt das Amen gar nicht selten *vor* der Rede, vor einem Satz: »Amen, ich sage euch …«, meint Jesus – **43** und klar: Jesus betont. »Aber freili, übrijens, mal so ganz nebenbei gesagt: Jetzt kommt was Wichtiges, das ist bedeutsam für euch!« Und was sagt er? So einen wundervollen Satz wie: »Wahrlich, ihr werdet den Himmel offen sehen.« Offen, nicht verschlossen, nicht abgeriegelt und verschanzt, sondern zugänglich, einladend, grenzenlos.

Einer der zentralen Sätze des christlichen Glaubens beginnt mit einem »Fürwahr«: »Fürwahr, er trug unsere Krankheit und lud auf sich unsere Schmerzen ... auf dass wir Frieden hätten« (beim Propheten Jesaja, im 53. Kapitel). Dieses »Fürwahr« und das bestätigende »Wahrlich« sind eine Einladung. Sie werben dafür, den offenen Himmel und den Frieden Gottes für wahr zu halten und Erfahrungen damit zu machen. Die sind nicht nur Wünsche und vage Hoffnungen, sie sind in Wahrheit die Zukunft, die Gott uns zugedacht hat und die wahrhaftig kommt.

Ja freili!

Und immer und immer wieder bekräftigst du es: Du stehst zu deinem Wort, wir können uns auf dich verlassen. Hilf mir doch, darin gelassen zu sein – und mich dir zu überlassen!

Hingehört!

»Riders on the Storm« wird es gewesen sein, von den schon etwas wilden »Doors«, oder von den kreuzbrav dreinschauenden »Animals« das »House of the Rising Sun« – das waren meine ersten Aufnahmen auf Kassettenrekorder. Teuer erkauft! Denn das kann sich der Mensch im YouTube- und Spotify-Zeitalter gar nicht mehr vorstellen: Ich saß, gespannt wie ein Luchs, vor dem Radio, das Mikrofon im fein austarierten Abstand vor dem Lautsprecher ... Dann musste genau der Moment abgepasst werden, da der Pop-Shop-Moderator endlich schwieg, und am Ende sollte er nicht dazwischen quatschen. Mit der Zeit entwickelst du deine Meisterschaft! Jede gelungene Aufnahme war eine kleine Eroberung. Irgendwann war ich so weit, meiner ersten Liebe meine Top Ten zu überreichen (darunter aber auch »Yesterday«, was wohl keine so gute Idee war ...)!

Was ich gelernt habe dabei, in jungen Jahren schon: aufpassen, aufmerksam sein, auf den Punkt genau zu hören und zu reagieren – und wenn es gut ging, zu erspüren, wann der Hit zu Ende ist und der DJ (so hießen die aber damals noch nicht) wieder Atem holt.

Hilfreiche Fähigkeiten sind das für einen, der auf Gott lauscht. Denn der macht es ganz gerne spannend, kommt plötzlich aus dem Off oder quatscht einfach dazwischen. Ich hab das gar nicht so gerne, denn manchmal stört er meine liebgewonnenen Kreise oder unterbricht, worauf ich mich gerade konzentriere (meine Wünsche, meine überaus wichtigen Pläne, meine selbsterklärten Bedeutsamkeiten). **45**

Und doch merke ich: gut, darauf zu hören, gut, ihm ein Ohr zu leihen. Seine Unterbrechungen sind so herausfordernd wie lebendig, und führen oder werfen mich auf das zurück, was im Leben wirklich wichtig ist, was es mir reich und bunt macht.

Um's mit meinen Top Five zu sagen: »All You need is Love« (Beatles), »Über den Wolken« (Reinhard Mey), »Blowin' in the Wind« (Bob Dylan), »But I Might Die Tonight« (Cat Stevens), »L'important c'est la rose« (Gilbert Bécaud).

Hörn'Se mal rein, hörn'Se mal hin!

Schau, Gott, ich bin ganz Ohr, ich bin aufmerksam.
Sprich nur – und unterbrich mich, wenn ich den Lärm
der Tage und mein eigenes Geplapper wichtiger nehme
als deine Stimme. Ich übe das Hören noch.

Über Mauern

In der Straßenbahn gehört: »S'isch halt, wie's isch. S'isch eifach äso, kannsch's net ännere«! Und das müssen Sie sich mit den prägnanten kurpfälzischen Hebungen und Dehnungen in der Stimme gesprochen, eigentlich: gesungen, vorstellen. Oder als Monnemer Singsang (für Nicht-Nordbadener: Mannheim ist gemeint). Auch die Kurpfälzer sind ja weise Leute und diese Sätze klingen durchaus vernünftig.

Aber – Entschuldigung! – ich widerspreche! Ich bestreite das und behaupte: Nichts ist einfach so, wie's ist, und ändern lässt sich eine ganze Menge.

Das ist schon so, weil das, was ist, irgendwoher kommt, seine Geschichte hat, gute Gründe oder strohdumme Voraussetzungen. Und wenn dabei Menschen ihre Finger im Spiel haben, können sie die zu Wohl oder Wehe regen. »S'isch so, wie's isch – aber s'isch so worre!« (geworden!) Und an dem, was wird, lässt sich auch etwas tun.

Wir sind den Umständen und Verhältnissen nicht einfach ausgeliefert – dazu ermutigt die Bibel auch, und zwar vehement, mit Nachdruck: »Mit meinem Gott kann ich über Mauern springen.« (Psalm 18) Ja hoppla, das ist doch mal ein Wort! Nehme ich das ernst, bewegt es die Beine, die Herzen, und – was kein Fehler ist – die Hirne auch. Das entfaltet Fantasie und Kreativität, die Mauern nicht nur als gegeben hinzunehmen und anzustieren, sondern zum Sprung anzusetzen, mit Mut und Elan.

Natürlich: Mauern stehen in der Welt herum – nicht **47**

zu übersehen – und machen sich sehr breit, Mauern aus Vorurteilen, Missverständnissen, Hass, Mauern in Köpfen und Seelen. Die Furcht vor dem Befremdlichen, die Angst um das Vertraute, die Sorge um das Eigene und der krasse Eigensinn, die eignen sich hervorragend für den Mauerbau. Aber grenzen aus, verletzen, schüren die Angst noch und töten gar.

Muss nicht so sein und bleiben – ermutigt Gott ganz schwungvoll: Springen!

Darum geht es: »Net eifach steh un gelde losse«, sondern Anlauf nehmen. Mit Gottvertrauen und großer Lust auf Veränderung. Und mit der Gewissheit, dass eines doch »so isch, wie's isch«: Gott ist und bleibt an unserer Seite und hilft mit elegantem Gottesschwung nach.

»Alla gut!«, meint der Monnemer, die Monnemerin – und nimmt schon mal Anlauf.

Mein Gott, ich nehme die Dinge und Umstände nicht einfach so hin, wie sie sind. Dein Horizont ist immer weiter als der meine, du tust Zukunft auf und bringst in Bewegung. Ich will mich mit dir bewegen.

Grenzen und Möglichkeiten

Das ist ganz fies! Das zieht so im linken Arm, über der Beuge, und in den Fingern kribbelt es – ein unangenehm-pelziges Gefühl. Ich habe mir einen Nerv eingeklemmt, irgendwo zwischen den Halswirbeln, deren Existenz mir bis dato eher schnuppe war. Und da Männer (wie allgemein bekannt ist – jedenfalls unter Männern) ein ganz sensibles Schmerzempfinden haben, tu ich, was ein Mann tun muss: Ich lasse mich krankschreiben! Mein einfühlsamer Hausarzt zögert auch nicht und stellt mir den nötigen Zettel aus. Fröhlich verlasse ich die Praxis (irgendwie brennt der Schmerz schon etwas weniger), wohlgemut ... bis ich lese, was auf dem Formblatt steht: »Arbeitsunfähigkeitsbescheinigung«! Ich bin schockiert, fast ein wenig beleidigt. Muss ich mir das bieten lassen, dass mir »Unfähigkeit« attestiert wird?

So geschehen, vor ein paar Wochen. Inzwischen kribbelt's nur noch in Zeigefinger und Daumen, aber dieses Unfähigkeitsurteil beschäftigt mich weiterhin. Ich fühle mich ertappt! Denn: In Wahrheit habe ich eine Menge Unfähigkeiten zu beklagen. Ein paar nette und lässliche: Meine musikalische Karriere endete mit dem Blockflötenunterricht und ich kann nicht mal anständig Noten lesen, fürs Handwerkliche habe ich ausnahmslos linke Hände. Und ein paar schwerwiegende: Ich kann mit Menschen sehr ungeduldig sein und verschließe mich bisweilen, und launisch bin ich auch. Das Wort »Unfähigkeit« verweist mich auf meine Grenzen. Auf Grenzen, die ich selten gerne gelten lasse, die nicht zu meinem Selbstbild passen. Vermute ich recht, dass Sie das auch kennen?

Gibt's gegen Unfähigkeit Therapien? Die Krankengymnastin meines Vertrauens sagt, ich solle nicht so viel Zeit sitzend (am Schreibtisch, Augen am Bildschirm) verbringen, sondern öfter mal aufstehen, mich strecken, ein paar Schritte tun.

Ein weiser Rat! Ein biblischer geradezu. »Alles ist möglich dem, der da glaubt!«, ermutigt Jesus. Und Glaube heißt ja nichts anderes, als aufzustehen, sich ins Leben zu wagen, einen weiteren Horizont für möglich zu halten. Wer glaubt, vertraut sich dem an, der uns nicht nach unseren Grenzen beurteilt, sondern uns zu unseren Möglichkeiten ermutigt. Dann kann ich meine Unfähigkeiten auch akzeptieren lernen!

So, und jetzt Schluss mit dem Texteschreiben; ich muss mal aufstehen und ein paar Schritte tun – um den Schreibtisch herum, und im wahren Leben auch. Das entlastet.

Mein Gott – ruhig will ich das ansehen, was ich nicht kann, und mich freuen an dem, was ich kann. Wenn du magst, hilf mir, die Grenzen ein wenig zu verschieben.

Opium des Volkes

Religion ist Opium des Volkes – sagte dereinst Karl Marx (nicht der Kardinal, Sie wissen schon, der mit dem »Kommunistischen Manifest«, über den gerade ein Film in den Kinos zu sehen war, der alte Rauschebart mit den bahnbrechenden, politischen Ideen), und mag ja sein, dass er damit so ein bisschen Recht hat(te). Auch Heinrich Heine, Marxens Zeitgenosse, schimpfte über das »Eiapopeia im Himmel«, das die Gemüter des Volkes, des »großen Lümmels«, beruhigen sollte. Religion als Ersatzdroge, Religion, um die Leute zu beschwichtigen bei schwierigen Lebenslagen, Religion, um das Protestpotenzial gering zu halten – alles denkbar und (wenn's denn so stimmt) höchst kritikwürdig.

Aber mal ehrlich: Wer braucht denn noch Religion, wenn er »Let's dance« und »Sturm der Liebe« hat? Wer muss sich fromm beruhigen, wenn er in Stadien Fußballliturgien feiern kann und sich in »Gute Zeiten, schlechte Zeiten« so richtig tränenselig anrühren lassen kann? Die rechten Parolen und alles, was mit einfachen Lösungen populistisch daherkommt, ersparen doch fein herrlich jeden Glauben, der bedacht sein will, da bleibt doch mancher vor dem anstrengenden Nachdenken freundlich bewahrt.

Religion? Wer braucht schon Religion? Ich will's Ihnen sagen: Alle, die sich eben nicht einlullen lassen möchten, die den Herausforderungen ihres Lebens und unserer Zeit eine Stirn bieten möchten, hinter der sich etwas regt. Alle, die sich ihrer Fantasie nicht berauben lassen möchten, die Ideen haben wollen für eine Zukunft jenseits von Sachzwang und Verzweckung. Alle, für die ein Mitmensch nicht bloß Verbraucher, Fremder, Kunde oder Wähler ist, sondern eben: Mensch, ein Nächster, eine Nächste, ausgestattet mit Würde und Wert.

Und das bietet Religion? Schauen Sie mal: »Eure Rede sei: Ja, Ja oder Nein, Nein – alles andere ist Geschwätz!« (Jesus); »Prüft alles, das Gute behaltet.« (Paulus); »Was ist der Mensch? Mit Ehre und Herrlichkeit hast du ihn gekrönt!« (Psalm 8); »Nehmt einander an!« (Paulus); »Selig, die Frieden stiften, die hungern nach Gerechtigkeit!« (Jesus); »Die Frucht der Gerechtigkeit wird Friede sein.« (Jesaja). Noch Fragen?

Vielleicht die: Bin ich einer, der sich lieber einlullen lassen will von irgendeinem »Opium des Volkes«, oder eine, die sich lieber aufmacht und eigene Wege geht: bewusst, aufmerksam und vielleicht ein bisschen fromm, Gott zugewandt? Sie entscheiden das.

Du ermutigst mich, Gott, du ermutigst mich zu mir selbst. Du willst keine Schafe, die dir blind und gehorsam folgen, du willst Menschen, die dir in die Augen sehen. Hier bin ich!

Von Nähe und Distanz

Keine Angst, der beißt nicht, der will nur spielen – möchte ich manchmal rufen, wenn sich die Leute wieder weit fort vom Pfarrer auf die hintersten Bänke der Kirche verdrücken. Es mag ja gute Gründe dafür geben: Vielleicht hat der geistliche Herr eine etwas feuchte Aussprache, vielleicht singt er gänzlich schief und bringt fromme Kirchenliedsänger unfromm aus dem Takt, oder was er sagt, ist so unerträglich, dass der eine oder die andere lieber fortrückt, innerlich und äußerlich. Mag sein.

Ich habe auch so meine Anlässe, bei denen ich lieber auf Distanz gehe: Eine bestimmte Männerschweiß-duftnote veranlasst mich immer wieder dazu, dann das unerträgliche Geschwätz mancher Zeitgenossen oder gar braunes Gerede, Arroganz und Heuchelei, die bringen mich nicht nur auf Abstand, sondern gleich auf die Palme.

Und in Distanz zu Gott gehe ich auch manchmal, jedenfalls zu dem Gott, den die meinen, die in seinem Namen glauben, verurteilen, herrschen oder gar Gewalt üben zu dürfen. Und in der Nähe des Gottes, der zu alle dem schweigt, halte ich mich auch nicht gerne auf.

Distanz zu Gott: Manchmal braucht es das – wenn ich das Gefühl habe, er habe mich enttäuscht, wenn ich wütend bin, oder wenn er mir mit seinem Zeigefinger allzu sehr auf die Pelle rückt. Bloß ... Distanz zu Gott: Das geht eigentlich gar nicht. Nicht, weil ich mich nicht abwenden könnte, nicht, weil ich ihn nicht ignorieren und links liegen lassen könnte, nein. Sondern weil er sich nicht abwendet, weil er in meiner Nähe ist, jederzeit. Wie viele Meter und Meilen ich auch zwischen Gott und mich legen will – aus seiner Liebe, seiner Aufmerksamkeit falle ich nicht heraus.

Damit ist schon gesagt: Gott tritt mir nicht zu nahe, wenn er liebt (besser: weil er liebt). Die gibt es freilich auch, die Leute, die einem auf den Leib rücken, die die nötige und höfliche Distanz nicht wahren können, die sich wichtig nehmen, vertraulich tun und so, als seien wir (die wir uns eben kennen gelernt haben) gute, alte Freunde. Und ich leide an ihrer Grenzüberschreitung und ihrem Mundgeruch.

So macht Gott das nicht: Er ist nahe, aber er achtet mich; er ist liebevoll gegenwärtig, aber er zwingt sich nicht auf. Wie wirklich gute Freunde das tun!

Diesem Gott vertraue ich mich gerne an, zu dem gehe ich nicht auf Distanz. Im Gegenteil, eher so, wie es ein altes Kirchenlied sagt: »Von Gott will ich nicht lassen, denn er lässt nicht von mir«!

Ja, mein Gott, komm mir nahe, lass mich spüren, dass du da bist. Ich brauche das Gefühl, dich an der Seite zu haben als einen Freund, der mich begleitet und wertschätzt.

Unwägbar

Regentropfen, die an dein Fenster klopfen ... Kann ja ganz idyllisch sein. Aber heute? Heute nicht. Es ist ein Schietwetter draußen, es regnet nicht, es schüttet, auf der Straße ergießt sich ein Sturzbach und der Wind tobt, aber verrät nicht, wer ihn so wütend gemacht hat. Dabei habe ich heute Urlaub und wollte die lang geplante Radtour machen, am Rhein entlang, bei Sonnenschein und mit gelindem Rückenwind. Zugegeben: Ich bin ein Schönwetterradler. Aber die Wetterdienste haben nichts gemeldet, das mich hätte beunruhigen müssen. So ein Mist auch! Sapperlot.

Tja, denn erstens kommt es anders und zweitens als man denkt. Es gibt sie einfach, die Unwägbarkeiten. Mal geht etwas ungeahnt schief, mal kommt eine schlechte Nachricht ins Haus. Der Zug hat Verspätung, der Kühlschrank versagt urplötzlich seinen Dienst, das Smartphone gibt von jetzt auf gleich seinen digitalen Geist auf. Oder schlimmer: Schmerzen in der Magengegend, die mich anspringen wie ein Tier, die wider Erwarten katastrophale Diagnose der Ärzte, der Unfall auf der Autobahn.

Unwägbarkeiten – kein Mensch ist gefeit davor. Das Leben ist voller Unwägbarkeiten. Ist das zu verstehen? Der Mensch denkt – Gott lenkt. Das wäre eine (mag sein: fromme) Erklärung. Aber das glaube ich nicht. Gott spielt nicht willkürlich Schicksal, von oben herab; er schiebt uns nicht hin und her wie Schachfiguren, er ist nicht der allmächtige Strippenzieher und wir sind die Marionetten, die's halt dulden müssen. So geht er nicht mit uns um. **55**

Ich glaube (und das halte ich für fromm), dass das alles Zufall ist. Ja, Zufall, denn Gott lässt uns zufallen, was nötig und beglückend ist. Er lässt es hineinfallen in die Situationen, die uns hart ankommen. Trauere ich, fällt mir sein Trost zu, bin ich unruhig, seine Geduld. Weiß ich nicht weiter, fällt mir sein Rat zu, bin ich allein mit meinen Unwägbarkeiten, seine zugewandte, bergende Liebe. So geht Gott mit uns um: nicht willkürlich, aber zu-fällig.

Und: Gottes Liebe, seine Gegenwart, zu jeder Zeit und an jedem Ort, ist keine Unwägbarkeit. Darauf kann ich mich verlassen. Jetzt lese ich halt – statt zu radeln – mal wieder ein Buch und gehe ins Kino.

Da stehe ich – und manches steht gegen mich, passt mir nicht in den Kram, bricht herein und ich zerbreche fast daran. Was mir hilft, ist die Gewissheit, dass du an meiner Seite bist.

Gute Nacht auch!

Es ist 4.21 Uhr – ich kann nicht schlafen. Vor einer Stunde war 3.21 Uhr – da konnte ich auch nicht schlafen. Genauso wenig um 2.21 Uhr; und um 1.21 Uhr – Sie ahnen es. »Ich liege und schlafe ganz mit Frieden«, dieser im Grunde ganz erfreuliche Satz aus dem 4. Psalm ist in solchen schlaflosen Nächten der blanke Hohn. Nö, nix: »mit Frieden«. Ich wälze mich hin und her und im hundemüden, aber äußerst regen Kopf die Gedanken: Wie war der Tag, was wird morgen sein? Ich mache mir Sorgen: kleine, die ich nur angehen müsste und die mich doch sehr fordern, und große, die ich kaum angehen kann und die mich überfordern. Schäfchen- oder Sonstwas-Zählen hilft nichts, an was Schönes denken ist ein frommer, nutzloser Rat, sich »einfach fallen lassen« ein lächerlicher.

Da nützt es auch nichts, dass der »Hüter Israels« auch nicht »schlummert und schläft« (Psalm 121) – ich würde es ihm ja wünschen, dass er auch mal frei hat, sich zurücklehnen kann und zur Ruhe kommt. Ihm gerade so wie mir. Ein bisschen was Tröstliches hat es vielleicht, dass Gott selbst die Schlaflosigkeit kennt; können wir uns die Hände reichen. Gute Nacht auch!

Das heißt ... Moment ... er kommt ja zur Ruhe, genauer: Ruhe war da, gleich am Anfang. Im Schöpfungsbericht wird vom 7. Tag erzählt: Und Gott »ruhte am siebenten Tag von allen seinen Werken, die er gemacht hatte. Und Gott segnete den siebenten Tag.« Das ist immerhin eine verblüffende Perspektive: Meine Ruhe muss ich nicht erst suchen, die ist mir immer schon voraus. Wir kommen von der Ruhe Gottes her. Das heißt wohl, wie können, was uns beschäftigt und bewegt, auch das, was uns den Schlaf raubt, mit Ruhe und in Ruhe angehen. Gott hat alles bereitet, was nötig ist, eine ganze Schöpfung, die jeden Morgen neue Möglichkeiten zur Verfügung stellt.

Ob mir das nun hilft tief in der Nacht? Ich weiß es nicht, ich müsste es versuchen. Daran scheitert es manchmal, dass ich mich auf Gottes Ruhe nicht einlasse, dass ich mir nicht die »Vögel unter dem Himmel« und die »Lilien auf dem Felde« zum Vorbild nehme, und den »morgigen Tag« nicht »für das Seine sorgen« lasse. So rät Jesus das in der Bergpredigt. Vielleicht ist das mit den »Lassen« doch keine so schlechte Idee – wohl nicht das »Einfach-Fallen-Lassen«, aber das »Sich-Gottes-Armen-Überlassen« durchaus.

Es ist 5.21 Uhr, jetzt steh ich gleich auf. Aber morgen Nacht probiere ich das. Ich lass mich in Gottes ruhige Arme fallen und mich in den Schlaf wiegen. Gute Nacht auch!

Wenn ich unruhig bin, leg mir deine kühle Hand auf die Stirn; wenn mein Herz allzu laut pocht, sprich mich zärtlich an; wenn ich nicht schlafen kann, summe mir ein Lied.

Was umgeht

Da läuft die Nase, aber mächtig, und im Hals kratzt es auch schon verdächtig. Der Magen rumort, dass es fast peinlich wird, und der Darm findet, er dürfte jetzt auch aus der Reihe tanzen – ich fühl mich krank, angeschlagen. Und da einem Mann nichts so guttut (wenn er kränkelt) wie Mitleid, erzähl ich Hinz und Kunz, dass ich unpässlich bin. Und was krieg ich zur Antwort? Kein: »O, du Armer!«, kein »Kann ich was für dich tun?«, geschweige denn ein »Du bist wirklich der ärmste Kerl auf der Welt!«, sondern ein lapidares, fast liebloses: »Ah, des geht jetzt au um!« (»Aha, das geht auch gerade um!«). Das kennen Sie, das haben Sie bestimmt auch schon gesagt: Das geht jetzt um.

Ich frag mich: Was geht da eigentlich um, wenn es umgeht? Mein Schwager, der Mediziner ist, hat mir was von Bakterien und Viren vorgeschwärmt, aber die haben ja keine Beine (zum Gehen). Der Fuchs geht um, das habe ich früher mal gespielt, Gespenster gehen um, ruhelos, aber hier im Pfarrhaus – das weiß ich sicher – ist noch keiner ermordet worden und muss nun als unruhiger Geist umherwandern in der Nacht. Dass der Teufel umhergeht wie ein brüllender Löwe, sagt die Bibel – aber da hat der Hinkefuß Pech bei mir: Erstens glaub ich nicht an ihn (alles Umhergehen wäre also vergebliche Liebesmüh), zweitens kenn ich brüllende Löwen nur aus dem Zoo (und da wäre er ja hinter Gittern). So ein brauner Ungeist geht um, die politischen Marktschreier ziehen übers Land, das stimmt allerdings. Und die zu hören und zu sehen macht mich echt krank! An

Husten, Schnupfen, Heiserkeit sind sie freilich doch nicht schuld.

Wer geht also um? Ich weiß es nicht. Aber ich weiß, wer nicht umgeht: Gott! Der hat es nicht nötig, durch die Gassen zu schleichen, mich wie ein Virus zu überfallen oder mir ins Ohr zu brüllen. Gott – geht nicht um, er geht mit. Er ist da. »Ich bin da«, das ist sein Name, sein Programm, so hat er sich dem Mose vorgestellt, als der den brennenden Dornbusch sah und sich fragte: »Wer geht denn da um?«.

Gott ist da, und er ist heilsam da – so dass ich mir, wenn wieder was umgeht und mich das Halsweh plagt oder das Bauchgrimmen, nicht allzu viele Sorgen mache.

Das ist wunderbar, mein Gott, dass du mit mir gehst, dass du gut umgehst mit mir. Da weiß ich: Wo immer ich gehe, was immer mich angeht, du bist dabei, nichts ist gott-los.

Sehr befremdlich

Das ist doch alles wohl geordnet und fein geplant! Wenn ich die Website meines Providers öffne, dann weiß ich: In Niebüll wird ein neues Einkaufszentrum eröffnet, in Frankfurt hat die Feuerwehr einer Katze vom Dach geholfen, in Karlsruhe haben in der Nacht wieder ein paar Krakeeler gestört (Sapperlot!). Da merke ich doch: Irgendwer hat ein Auge auf mich und denkt, weil ich an diesen Orten jüngst gewesen bin, müsste mich das interessieren. Vielleicht ist das ja nett gemeint!? Andere haben mich mit ihrer scharf geschliffenen Algorithmen-Brille erfasst und als Klienten, Kunden oder Käufer schön sortiert: Radsport, Buchmarkt, Reiselust. Wo ich politisch stehe und was mich gesellschaftlich bewegt, wo meine Wehwehchen drücken und welcher Film mich ins Kino locken muss (Ich warte auf den neuen James Bond!) – irgendwer weiß es und bedient zuvorkommend meine Interessen. Kurz: Ich lebe in der medialen Blase, genauer: in meiner, ganz besonderen Blase, die wer auch immer auf mich zugeschnitten hat.

Wir alle tun das, sobald wir die Netz-Angebote wahr und ernst nehmen, jede und jeder hat ihre und seine eigene Blase – und ich finde, »Blase« ist ein treffliches Bild. Es ist wie bei einer Seifenblase oder beim Luftballon: Da schillert's, da wechseln beständig die Farben, aber jede Blase hat auch ihre Grenzen. Und darin liegt – bekanntermaßen – die Gefahr: Wer sich in seiner Blase einnistet, setzt sich selbst gefangen, macht seine Welt klein, lässt sie auf Blasengröße schrumpfen (und wie eng und muffig wird das am Ende sein!).

Wir hören es von den rechten, den populistischen, den islamistischen Blasen – aber davor gefeit ist niemand. Die Kirchenblase gibt es gewiss, mit eigener Sprache und geprägten Themen, die Kulturmilieu- oder RTL-Blase auch (um mal zwei zu nennen, die null und nix zu tun haben miteinander).

Solche »Eigenwelten« sind vielen willkommen (mir ja auch ein bisschen, irgendwie ...), weil da die Dinge stimmig sind, alles zueinander passt, weil ich meine Welt recht mühelos begreife und mich nichts so schnell irritiert. Aber: Wie langweilig! Denn dann höre ich ja immer nur das Gleiche, dann lerne ich nichts dazu, drehe mich im Kreis – und außerhalb der Blase zieht die bunte Welt an mir vorüber und ich merke es nicht.

Darum freue ich mich an einer Kirche, die keine Gesinnungsgemeinschaft ist, sondern aus unterschiedlichen Menschen mit unterschiedlichen Gotteserfahrungen besteht; darum bin ich froh, in einer Demokratie zu leben, in der es streitbar zugehen muss. Und darum bin ich dankbar für einen Gott, der mich befremdet. »Bin ich nicht auch ein ferner Gott?«, fragt Gott beim Propheten Jeremia einmal rhetorisch. Mir gefällt dieser Satz, weil Gott damit klarmacht, dass er in unseren persönlichen, medialen oder religiösen Blasen nicht aufgeht; er ist allemal für Überraschungen gut.

Ich mag es, mit befremdlichen Menschen im Gespräch zu sein, die in Frage stellen, die den Horizont erweitern helfen – wieviel mehr tut ein Gott das, der in Blasen nicht zuhause ist, sondern »im Himmel wie auf Erden«.

*Mein Gott, befremde mich, durchbrich meine
eingefahrenen Bahnen, reiße meine Zäune nieder,
damit mir nichts entgeht von deiner reichen Schönheit,
deiner lebendigen Vielfalt.*

Vom Tanzen

Und – hamm'Se ordentlich geschwoft? Tanz in den Mai und so? Ich ja nicht ... Naja, mein Tanzbein gehört zu den weniger beweglichen Körperteilen, seit früher Jugend schon. Der Tanzschule habe ich mich (da hatte ich den ersten, richtigen Krach mit meinem Vater!) standhaft verweigert. Wenn's um Samba, Rumba oder Ringel-Ringel-Rosen geht, ist mit mir also nichts anzufangen, und auch Lambada, Breakdance oder den Gangnam-Style habe ich mir nicht angewöhnt. Liegt wahrscheinlich an mangelnder Grob- und Feinmotorik; meine Abenteuer, auch die beschwingten, finden doch eher im Kopfe statt ...

Und außerdem: Die Zeiten sind nicht danach. Beim allgegenwärtigen, gesellschaftlichen Tanz auf dem Vulkan bekomme ich eher das große Zittern als Schwung in die Beine. Zu fröhlichem Ringelpietz ist kaum Anlass, im Großen und Ganzen von Stadt und Land und Weltpolitik nicht, und in unseren persönlichen Schicksalen bisweilen auch nicht. Was tun? Hocken bleiben? Sich zurückziehen und den anderen den Tanzboden überlassen?

In einem Trauerseminar habe ich vor Kurzem entdeckt: Auch die Not, auch die Trauer hat ihre Tänze – das ist kein lustiges Gehopse, vielmehr ein bedachtes, langsames Schreiten, das die betrübte Seele achtsam in Bewegung bringt, zaghaft wohl, aber nachhaltig. Erinnern Sie sich noch an den Sirtaki, den Anthony Quinn tanzte, am Ende von »Alexis Sorbas«, als alles zerbrochen und zerstört war? Welch eine Hoffnung lag in diesen Schritten, diesem Fingerschnalzen und dem erst verhaltenen, dann leidenschaftlichen »Hoppa«! Und alles endet in einem großen Gelächter.

Wenn es nur so wäre!

Kann aber so sein! Gott stellt das in Aussicht: »Du hast meine Klage verwandelt in einen Reigen«, betet einer im 30. Psalm, der von sich sagt, er sei zuvor »in der Tiefe« gewesen und »bei den Toten«. Der betet und spricht aus Erfahrung: So macht Gott das. Das gilt ja auch für uns. Bin ich zu müde vom Zweifeln, zu träge von der Mutlosigkeit, zu unbeweglich vom Schmerz – Gott verwandelt, was mir ein Klagelied in den Mund legt, in einen schwungvollen Reigen.

Da will ich mal lauschen! Und indem ich es tue, kribbelt's mir, ganz gegen meine Gewohnheiten, schon in den Beinen. Ganz schön mitreißend kann er sein, unser Gott. Hoppa!

Ja, mein Gott, reiß mich mit, damit ich Lust bekomme, dieses Leben zu feiern. Dieses Leben, das gefährdet ist, manchmal schwer und mühsam, und das doch auf Weite angelegt ist, auf Tiefe und Zukunft. Bring mich in Schwung!

Lifestyle

Er kommt so etwa alle drei Wochen, der »Ich bin aber der allerbilligste Shop!«-Katalog mit seinen »Markenartikeln zu Bestpreisen«, aus dem ich vor Jahren mal etwas bestellt habe. Seither bin ich (wahlweise) »Premiumkunde«, »unser hochgeschätzter Kunde« oder »ein treuer Freund unseres Hauses«. Tja, so schnell geht das mit der Wertschätzung! Da habe ich mal irgendwann zwei, drei Polohemden gekauft (in Weiß, für unter den Talar) – und schon zähle ich was.

Eigentlich landet das bunte, merkantile Bildwerk gleich im Papierkorb, aber manchmal blättere ich es durch ... und mache bereichernde Entdeckungen. Also: bereichernd mehr für mich als für das Management des versandfreudigen Shops.

Denn da gibt es zum Beispiel »Trekkingschuhe für alle Anforderungen« – die kann ich sicher gut gebrauchen, denn die Anforderungen in Stadt und Land, in Seele und Welt sind groß! Oder da sind die Hemden aus »High-Tech-Gewebe für ein optimales Tragegefühl«! Wunderbar: Wenn ich an meinen Sorgen zu schwer zu tragen habe, kleide ich mich einfach in den hochtechnologischen Zwirn und gleich wird alles luftig und leicht.

Am besten aber gefällt mir der »innovative Freizeitschuh mit Lifestyle-Philosophie«. Ein Philosophenschuh kommt mir gerade recht, wenn ich fragen muss, was mein Leben für einen Sinn hat, wie Mensch-Sein richtig geht und ob die Welt, wie sie ist, eine Zukunft hat.

Ich fürchte nur, auch die Philosophentreter aus dem Billig-Shop sind keine Siebenmeilenstiefel, mit denen ich die Nöte einfach hinter mir lassen könnte, und sie haben keine Flügel wie die Pumps von Mercurius, dem Überflieger. Vielleicht bin ich darum nicht der Idealkunde vom »Preisvorteil«-Versand, weil ich zweifle, dass es mit »Lifestyle« und »Philosophie« getan ist.

Ich schaue mich nach anderen Schuhen um, ich traue eher – den Jesuslatschen. Oder, etwas pastoraler formuliert: den Spuren Gottes in unserer Welt. Jesus hatte es nicht so mit Lifestyle, aber er lebte mitten unter den Menschen, als einer von ihnen; ein Zimmermann, der in Sandalen über die staubigen Straßen ging. Und sein Stil war: Menschennähe.

Das ist eben Gottes Stil: immer an unserer Seite, egal, mit welchem Schuhwerk wir gerade unterwegs sind. Und die großen und kleinen Fragen unserer Zeit und unseres Lebens werden nicht mit »funktionellem Allround-Design« und »Traumpreisen« gelöst, sondern mit Nähe, Zuwendung, Liebe.

So wird ein Schuh draus: Lebensstil-Theologie!

In deine Gegenwart kleide ich mich ein, die mich umhüllt wie ein Mantel gegen den Wind, und in deinen Spuren zu gehen –, die nicht zu groß sind und nicht zu klein – ist gerade richtig für mich. Weil du mich kennst und im Blick hast.

Und damit zurück

Das ist ausgesprochen gemein! Finde ich. Die Fernsehwetterfrösche haben es drauf, oder die Korrespondentinnen und Korrespondenten von wer weiß wo. Die einen verkünden leise lächelnd Unwetterfronten oder niemals wieder abziehende Hitzehochs namens Rodriguez oder Waltburga und meinen dann süffisant: »Und damit zurück ins Studio«, wo der Nachrichtenmoderator ohnehin schon aus allen Knopflöchern schwitzt.

Und die anderen berichten aus Kriegsgebieten, von Hungersnöten, von Pestilenz und Feuersbrunst, malen den Teufel an die Wand oder staunen kopfschüttelnd über irgendeinen durchgeknallten Machthaber – »und damit zurück nach Hamburg« (oder Mainz oder von wo immer Nachrichten gesendet werden). Das ist doch hart und gemein. »Da hast du's!« – so klingt das immer in meinen Ohren, und nun muss das erschrockene Publikum halt fertig werden damit.

Da werde ich mit meinem Unverständnis, den Wetterkapriolen oder dem blanken Entsetzen über menschliches Elend oder menschliche Dummheit schlicht allein gelassen. Hier, da hast du's, friss oder stirb!

Das Üble ist, dass ich das kenne, aus dem echten Leben, aus dem Leben, das sich nicht auf Bildschirmen abspielt. Da ist schon manches Unwetter mit unfreundlichen Namen aufgezogen. Und manchmal ist mir ein Schicksal vor die Füße geknallt worden, die Hilfe, der Mut, die Geduld dafür aber nicht gleich mitgeliefert worden. Da hast du's! Aber ich hab's eben nicht gewollt, nicht bestellt, nicht erbeten – und musste doch umgehen damit.

Für diesen Umstand, für dieses Gefühl, konfrontiert und allein gelassen zu sein, hat die Bibel ein altes Wort: »Versuchung«. Es kommt etwas altertümelnd daher und hat auch eine schwierige Tradition, aber Versuchung heißt ganz hilfreich: Wenn das Leben dich herausfordert, dann wage es, wenn das Leben dich aufsucht, versuche dich, übernimm Verantwortung, überlasse dich den möglichen Veränderungen, habe Vertrauen in deine Kraft und darauf, dass das Leben es gut mit dir meint. Naja, das Leben – genauer doch: Gott, denn, so weiß es Paulus: »Gott ist treu, der lässt euch nicht über eure Kraft versuchen!« Aber jede Herausforderung mag uns am Ende kräftiger zurücklassen, als wir waren. Wetterfrösche und Auslandskorrespondentinnen sind da fein raus, die müssen für das, was sie an- oder verkündigen, nicht wirklich einstehen – Gott tut das aber!

Da haben Sie's! Versuchen Sie es einfach!

Du lässt mich nicht im Regen stehen, du lässt mich nicht liegen, wenn ich stolpere, du verbindest mich, wenn ich mir die Knie blutig schlage. All das gibt es: Wetterstürme, Irrwege, Unfälle – und all das gibt es niemals ohne dich.

Zuviel Geschwätz!

Ach, von wegen Privatsphäre und Telefongeheimnis: Die wollen gehört werden! Wie neulich im Zug, Ruheabteil: »Was ich? Du hast doch angefangen, du hast doch ...« usw ... wollen wir mal nicht zu intim werden. Der Smartphonebeschreier nahm jedenfalls kein Blatt vor den Mund, und da hör ich Geschichten, die ich eigentlich gar nicht wissen will. Oder im Bus der eitle Fatzke: »Ha, dem hab ich's gezeigt, der reißt sein Maul nicht mehr auf ...«, was der Telefonierer für die Galerie freilich ganz hervorragend tut. Das nervt. Warum muss ich unfreiwillig Zeuge von Großschwätzern und aufgeplusterten Dampfrednern sein? Überhaupt: Es liegt viel zu viel Geschwätz in der Luft. Die Talkshows schaue ich mir schon lang nicht mehr an, so manche Meldung in Rundfunk und Fernsehen ist reines Wortgehülse (»Möglicherweise kommt der Ministerrat noch zu einer Einigung – und damit zurück ins Studio«. Und was ist diese Nachricht jetzt wert?), und ganz hohles Wortgesülze begegnet mir allenthalben im Politsprech, im Showbusiness, in mancher Werbung, die mich für einen Dummbatzen hält.

Können die nicht alle mal ruhig sein, für ein paar Minuten wenigstens, damit der Mensch mal wieder durchatmen kann und die Ohren frei werden und der Wortgeklingel-Tinnitus abklingt? Als ich ein Jüngling war, gab's mal den autofreien Sonntag – ich plädiere für den geschwätzfreien (und wäre bereit, auch mal in der Kirche die Klappe zu halten!).

Wie wohltuend, dass Gott so still ist!

Naja, ganz ehrlich: Manchmal ärgert mich das auch, weil ich finde, er könnte doch mal laut werden und den Großspurigen die Meinung geigen, er könnte doch mal Frieden befehlen und den Gleichgültigen in den Ohren liegen.

Aber heute bin ich ganz froh, dass Gott schweigen kann, dass er nicht auch noch in den Lärm einstimmt und mächtig-krächzend seine Stimme erhebt. Denn was ich brauche, um das Geschwätz auszuhalten, das ist ein Haus aus Stille, ein Ort des Schweigens, da ich nichts sagen muss, da ich still sein darf und lauschen kann. Da ich frei bin vom lärmenden Gedränge und hören kann – nicht, was mir die Schwätzer angedeihen lassen, sondern was mir wirklich guttut. Sätze wie dieser zum Beispiel: »Fürwahr, meine Seele ist stille und ruhig geworden, wie ein kleines Kind bei seiner Mutter, wie ein kleines Kind, so ist meine Seele in mir.« (Psalm 131)

Sehr verheißungsvoll, denn »durch Stillesein ... werdet ihr stark« (Jesaja 30).

Es ist nicht leicht, mein Gott, mitten im Lärm still zu sein, zu schweigen und zu lauschen, während es um mich herum tönt und tobt. Doch deine leise Stimme dringt durch alles Geschwätz – ich will ganz Ohr sein!

Was ein Mensch braucht

»Herr Wei-heiß, Sie müsse mehr trinke!«, sagt die mir anvertraute Pflegefachkraft (also: Ich bin ihr anvertraut, Frau Müller, eine hocherfahrene Schwester, die seit Jahrzehnten fürs Wohl ihrer Patienten sorgt) mit etwas ungeduldigem Unterton, weil sie bis heute nicht versteht, warum die maladen Leute nicht vernünftig sind und ein klein wenig für sich selber sorgen: »S'geht um Ihre Niere, die brauche des!« Natürlich hat sie recht – und ich kippe das nächste Glas Wasser (Frau Müller: »Mit Blubba oda schtill?«) in mich hinein, widerwillig, aber einsichtig und gehorsam. Und genauso artig löffle ich den geschmacklosen und lauwarmen Grießbrei (Grießbrei mit Wasser gekocht geht gar nicht!!), weil die Frau Doktor etwas nörgelig meinte: «Herr Wei-heiß, Sie müssen mehr essen; ich bin mit Ihrer Kalorienzufuhr nicht zufrieden.« Naja, was liegt näher, als für die Zufriedenheit des medizinischen Fachpersonals zu sorgen? Da bitte ich doch gleich noch um Nachschlag.

Was ich einsehe: Es gibt Dinge, die ein Mensch einfach braucht. Zur Genesung nach der Krankheit Essen und Trinken (sonst ja auch); Zuspruch für die verängstigte Seele; ein Ziel vor Augen, für das gesund zu werden sich lohnt; freundliche Blicke und Worte mitten am Tag; eine Aufgabe, die das Leben bereichert; Aus-Zeiten der Ruhe, damit die Herausforderungen nicht über die Kräfte gehen; Freundinnen und Freunde, und zwar echte, die mitlachen und mitweinen können.

Aber … was meinen Sie: Ob ein Mensch zum gelingenden Leben auch Gott braucht? Ich kenne viele, die das verneinen (und sie haben ihre guten Gründe dafür), ich kann es nur für mich selber sagen: Ich brauche ihn, damit mein Leben gelinge. In der Trauer muss ich Trost finden; wenn ich ratlos bin, suche ich Wegweisung; widerfährt mir Glück, will ich danken und jubeln; frage ich nach Sinn und Hoffnung, möchte ich Antworten haben, auf die ich mich verlassen kann. Und Gott – tröstet mich, zeigt mir Wege auf, hört mein Lachen und stimmt ein, Gott ermutigt mich, lebensmutig zu sein. Da teile ich die Erfahrung derer, die in der Bibel von ihren Gotteserfahrungen erzählen, von dem Gott, der mitgeht, der trägt, der bewahrt, der herausfordert und Zukunft eröffnet. Diesen Gott, der liebt, den brauche ich.

Wie Wasser für die Nieren, wie Grießbrei (oder kulinarische Alternativen), um zu Kräften zu kommen. Ob Sie ihn brauchen, entscheiden Sie selbst. Sie wären jedenfalls in guter Gesellschaft und stünden in lebendiger Tradition. Und Gott verweigert sich nicht.

Dich brauche ich, mein Gott, mehr als ich sagen kann. Ich brauche dich, damit ich lache, weine, geborgen bin und frei, meine Wege mutig zu gehen. Und du verweigerst dich nicht.

Zielbahnhof

»Letschd« (ein Freund meines Vaters sagte das immer, wenn er etwas besonders Wichtiges erzählen wollte, etwas, das ihm gerad eben zugestoßen oder begegnet war, »letschd« eben, d.h. vor Kurzem, zuletzt, vor gar nicht langer Zeit) – letschd also war ich mal wieder mit dem Zug unterwegs, zu Freunden nach Koblenz (wo ich noch nie war). Was mich beim Warten auf Züge immer wieder fasziniert, sind ihre Zielbahnhöfe. Hingefahren bin ich über Frankfurt – wäre ich sitzen geblieben, wäre ich in Hamburg gelandet; umgestiegen bin ich einen Zug, der mich in Luxemburg rausgelassen hätte (wenn nicht Koblenz mein Ziel gewesen wäre). Fahre ich Richtung Freiburg, könnte ich auch in Zürich oder am Thuner See aussteigen (wenn ich bis dorthin gelöst habe). Und in Berlin habe ich schon Züge nach Warschau und Moskau fahren sehen – und nach Brüssel, Paris, Mailand, Rom ist es auch nicht allzu weit.

Zielbahnhöfe! Manchmal denke ich: Komm, lass dich locken! Bleib doch einfach sitzen und schau, was passiert; entdecke was Neues, mache was Unerwartetes, lasse dich einfach drauf ein.

Den Zielbahnhof meines Lebens – kenne ich nicht. Ich weiß nicht, wann und wo ich einmal aussteigen werde, wenn mir der Schaffner sagt: So, mein Freund, deine Reise ist zu Ende, du bist angekommen! Und – wo werde ich dann angekommen sein?

Ich glaube: dort, wo ich herkomme. Gott hat mich gedacht, gewollt und hat mich in mein Leben gerufen; darin begleitet er mich, Schritt um Schritt (und Zug um

Zug), und wenn's dann ein End hat und das Ziel meines Lebens erreicht ist, dann empfängt er mich wieder – mit offenen Armen und weitem Herzen.

Von ihm komme ich, zu ihm gehe ich. Im Psalm 139, den ich sehr liebe, heißt es: Du hast mich gesehen, als es mich noch gar nicht gab (was sehr für Gottes große Fantasie spricht!), und alle Tage waren in dein Buch geschrieben, die noch werden sollten (Gottes Aufmerksamkeit!). Aber wie schwer sind für mich, Gott, deine Gedanken (eigentlich unvorstellbar, dass Gott so nahe ist!) – am Ende bin ich noch immer bei dir (eben!).

Auf all den verschlungenen Wegen, die mein Leben nimmt, und wenn es auch manchmal aus den Gleisen gerät und ich neben der Spur bin – mein Zielbahnhof ist Gott. Da macht's auch nichts, wenn es mal zu Verspätungen kommt oder die Sitzplatzreservierung nicht geklappt hat und ich im Zug meines Lebens ein bisschen dumm rumsteh; ist das Ziel am Ende so gut, dann machen auch die Zwischenhalte Spaß! Z'letschd (zuletzt also, schließlich) bei Gott, das macht die Reise zum Vergnügen!

Welches Geschenk, mein Gott, zu wissen, woher ich komme, und gewiss zu sein, wohin ich gehe. Von dir und zu dir – so geht mein Leben in einem guten Kreis, im Gotteskreis.

Unsere Namen!

Max Mustermann ist doch ein armer Tropf, so wie Erika Mustermann (die der Geschlechtergerechtigkeit wegen und wegen der poetisch schönen Alliteration eigentlich »Erika Einheitseva« oder so ähnlich heißen müsste) eine bedauernswerte Tröpfin. Die beiden stehen ja nur für die ganz große Masse – das ist im Grunde doch eine namenlose Existenz. Doch selbst, wer seinen ganz eigenen Vor- und Zunamen trägt, verschwindet schnell in der schieren Zahl: »Thomas« liegt auf der Rangliste der gebräuchlichsten Vornamen in Deutschland auf Platz 6 – Sie können sich vorstellen, wie viele Abertausende ihn dann mit Stolz oder Wehmut tragen müssen – und »Weiß« ist mit seinen Varianten (Weis, Weizs ...) auch nicht wirklich selten. Und denken Sie nur an Peter Schmidt oder Karin Müller, wie viele es davon geben wird!

Nicht jede hat so klingende Namen wie AKK, Obi wan Kenobi oder Hadschi Halef Omar Ibn Hadschi Abul Abbas Ibn Hadschi Dawuhd al Gossarah. Und mancher trägt einen Namen, der nicht einmal genannt werden darf ... (Pst: L.V.!) – so was muss böse enden!

Es ist eine Krux: Namen sind wichtig – ich will ja wissen, wie mein Gast, mein Gegner, mein Gespiele heißt –, aber sie sind doch auch: Schall und Rauch. In ein paar Jahrzehnten erinnert sich des Hadschi Halef oder des Wendlers vielleicht doch keiner mehr.

Da lob ich mir einen der schönsten Sätze Jesu, die ich kenne: »Freut euch, dass eure Namen im Himmel geschrieben sind!«, ermuntert er einmal im Johannesevangelium. Im Himmel geschrieben – ich stelle mir vor: Da liegt ein ewig-dicker Foliant, eine uralte Schwarte, in die eine extra dafür freigestellte Engelschar (Es müssen viele sein und sie arbeiten im Schichtdienst!) unsere Namen einträgt, jeden einzelnen: Gertrud, Hadschi, Obi, Thomas, Angela und Horst, Peter, Sandra, Simon, Ahmed, Kevin und Marie ... und so weiter, und so fort.

Will sagen: Wir haben bei Gott einen Namen! Wir sind nicht namenlose Irgendwelch-Menschen, nicht Mustermann und Einheitseva – wir sind gesehen.

Denn – da bin ich sicher – da steht im großen Buch nicht bloß der nackte Name. Gott kennt uns genau und weiß, uns zu unterscheiden, kennt jede und jeden aus der Menge heraus. Darum sind nicht nur Vor- und Zunamen verzeichnet, sondern auch unsere Lebensdaten, unsere Wege, die Höhen und Tiefen, die Schluchten und Täler, die wir bedrückt oder fröhlich durchschreiten. Und manchmal nimmt er das dicke, dicke Buch in die Hand und blättert drin, sieht sich diesen und jenen (deinen und meinen) Namen an und denkt: »Ach du! Schön, dass du bist, fein, dass es dich gibt!«

Etwas anderes sagt das beschauliche Kirchen-Kinder-Lied nicht, das ich mir immer mal (ein klein wenig verschämt, aber fröhlich) vorsumme: »Weißt du, wieviel Sternlein stehen?« Die dritte Strophe kommt lebenslustig daher: »Gott im Himmel hat an allen / seine Lust, sein Wohlgefallen, / kennt auch dich und hat dich lieb.«

Kennt auch dich – beim Namen – und hat dich lieb!

Schön, mein Gott, dass du weißt, wie ich heiße. Ich muss mich dir nicht erst vorstellen, du weißt um mich und hast mich im Blick!

Vollkorn.
Zeiten

Immer voraus

Und: Ätsch, haha! Da sind wir der Zeit voraus, wir von Kirchens mit unserem Kirchenjahr! Denn: Es beginnt schon vier Wochen früher, gut einen Monat vor dem Jahreswechsel an Silvester. Das Kirchenjahr hat's ein bisschen eiliger, es wendet das Kalenderblatt schon Ende November, Anfang Dezember, mit dem 1. Adventssonntag. Aber nicht, um im Stechschritt, um mit höchster Geschwindigkeit durchs Jahr zu sausen.

Im Gegenteil: Das Kirchenjahr lädt dazu ein, das Tempo etwas herauszunehmen, innezuhalten, zur Besinnung zu kommen. Zur Besinnung auf das, was im Leben wichtig ist, und auf das, was Gott dafür tut, damit unser Leben gelingt.

Freilich: Das Kirchenjahr ist auch nicht mehr, was es mal war – vielen Zeitgenossen erschließt sich nicht mehr, warum es die verschiedenen Feiertage eigentlich braucht: Klar, Weihnachten steht außer Frage, der Heilige Abend jedenfalls, am ersten Weihnachtstag könnte sich schon Langeweile breitmachen, wenn die Geschenke genug gewürdigt, Braten und Dessert verkostet sind. Schon die Adventszeit davor hat als »Vorweihnachtszeit« ihren eigenen Charakter eingebüßt. Wer kann mit »Epiphanias«, Pfingsten, »Trinitatis« noch was anfangen? Und die Karwoche kommt so dröge und düsterlich herüber, dass an Ostern der Hase erfreut begrüßt wird, mit Seufzen und Aufatmen – oder war da noch was jenseits der Eier und Frühlingsgefühle?

Das Kirchenjahr hat es nicht mehr so leicht – aber es ist da, um es uns etwas leichter zu machen. Eben, weil es unserer Zeit voraus ist, oder besser: Weil es daran erinnert, dass Gott uns immer schon voraus ist. Davon, dass Menschen weinen und leiden, wissen Gründonnerstag und Karfreitag etwas, und davon, dass der Tod nicht das letzte Wort über uns hat, spricht Ostern. Der Erntedanktag erinnert daran, dass wir Teil der Schöpfung sind und mit allem, was atmet, zusammengehören, und der Ewigkeitssonntag reißt den Horizont auf: Leben hat Strahlkraft.

Und das Gute ist: All das ist uns immer schon voraus. Für Hoffnung, Mut und Trost hat Gott den Weg bereitet, als er sich (in der Weihnacht) auf den Weg machte, ein Mensch unter Menschen zu werden; als er in Jesus auf unseren Straßen ging und unsere Lasten trug bis ans Kreuz; als der Stein fortgerollt wurde und im Ostergarten ein neuer, heller Morgen anbrach.

Mit dem Kirchenjahr zu leben heißt, Tag um Tag innezuwerden, dass Gott vorausgeht und alles bereitet, was wir brauchen, um unsere All- und Sonntage zu leben, geborgen und wagemutig. Darum geht es bei der Pflege des Kirchenjahres auch nur scheinbar um uralte Traditionen und überkommene, kirchliche Bräuche. Nein, der Gott, der immer einen Schritt voraus ist, ist hochaktuell, zukunftsweisend, denn er ist mittendrin in dem, was uns bewegt, bedrückt und beglückt.

Wer sich da begleitet und bestärkt wissen will, die und der mag auf die Gottesgeschichten hören, die das Kirchenjahr erzählt.

Das ist gut, Gott, dass du mir voraus bist, dass du Wege bahnst, um Hindernisse weißt, Brocken forträumst, Brücken baust. Ich muss nur noch ausschreiten, meine Wege wagen. Das will ich tun!

Gegenentwürfe

Doch! Doch – ich mag sie! Mancher brummelt zwar nur undeutlich vor sich hin, manch eine aber spielt versunken und schön, eigentlich nur für sich selbst. Der eine jault und schreit zur Gitarre, die andere wispert und lispelt zum Schlagwerk. Es sind große Künstler darunter: In Hamburg hat mich ein Singer-Songwriter mit klarer Stimme tief beeindruckt, aus Freiburg habe ich die obertönenden Mongolen gut im Gedächtnis, und die Lateinamerikaner mit ihren Panflöten mag ich immer noch sehr. Der eine oder andere hat schon eins meiner Lieblingsstücke gnadenlos verhunzt (»Imagine« von John Lennon ... sollte nur John Lennon singen, ehrlich!), und um die Adventsmärkte herum finden sich jetzt die Mädels ein, denen anzumerken ist, dass sie mit ihrem Geigenunterricht vor nicht allzu langer Zeit begonnen haben, und die Jungs, die zum Blockflöten-Weihnachtsmusizieren ganz offensichtlich unter Strafandrohung gezwungen worden sind. Aber ich mag sie, ich mag sie alle: die Straßenmusikantinnen und -musikanten. Und ich bleibe gerne stehen und spendiere meinen Einkaufswageneuro, den ich immer in der Tasche trage (und der sonst eh erst in der Waschmaschine wieder zum Vorschein käme ...).

Ich höre und sehe sie so gern, weil sie Klänge auf die Straßen bringen, weil dann noch etwas anderes zu hören ist als Lärm und Getöse, weil da eine Buntheit waltet, die mit den Werbetafeln und dem Marktgeschrei nichts zu tun hat. Straßenmusik – so laut oder leise, so professionell oder handgestrickt sie auch sein mag – ist ein rechter Gegenentwurf zur Hektik, zur Marktförmigkeit unserer Tage (auch unserer Vor-Weihnachtstage).

Und hab ich da nicht schon manchmal einen Engel singen hören? Ich bin sicher – denn die Adventszeit selbst, die Weihnacht zumal, die sind Gegenentwürfe zu allen Zeiten, die sich hektisch oder lärmerfüllt, wolkenverhangen oder eiskalt geben. »Schau doch, ich komme und will bei dir wohnen!« »Mache dich auf und werde licht, denn dein Licht kommt!« – das sind biblische Zusagen gegen Leere und Last, Lärm und Langeweile. Gegenentwürfe, auf die ich mich verlassen kann.

Ein Straßenmusiker muss nach einer Weile den Standort wechseln, oder – weil es zu kalt wird – ganz einpacken; dann verklingen die Lieder und Töne. Gott packt nicht ein, zieht nicht weiter, Gott packt aus und nimmt uns in sein Licht, seine Liebe hinein. Davon gibt es manch schönes Lied zu singen!

Lehre mich deine Lieder, Gott, Lieder von Licht und Leben und Lust – ich will sie in den Straßen singen, fröhlich, weil du mich begeisterst!

Friedefürst?

Das Lachen gehört zu meinen Lieblingsbeschäftigungen; ich liebe Menschen mit Humor und freue mich an Ironie und Mutterwitz – und wer sich über sich selbst lustig machen kann, hat meine ganze Sympathie. Doch das Lachen – bleibt mir gerade im Halse stecken; die Zeiten sind nicht danach. Die Widersprüche sind zu groß, um sie humorvoll wegzulächeln: Wir singen gerade fröhlich-adventlich der »Tochter Zion« zu, dass der »Friedefürst« auf dem Weg sei, und wir machen »die Tür« hoch und die »Tore weit« für den »Herrn der Herrlichkeit«, von dem das Lied behauptet: »Sanftmütigkeit ist sein Gefährt« – während es in der Welt nur so kracht und raucht und stinkt von Krieg und Bürgerkrieg, von Terror und braunem Hass. Während unser Land sich wieder einmal im Krieg befindet (auch wenn das etwas verschämt nicht so deutlich gesagt wird).

Auch bei derzeit nicht gerade winterlichen Graden: Da friere ich. Und mir ist bange: Kommt nun der Terror noch deutlicher auch zu uns? Ich fürchte um Leib und Leben der Soldatinnen und Soldaten über Syrien, in Afghanistan, Mali, auf dem Balkan, am Horn von Afrika. Und meine Fantasie reicht nicht aus, mir vorzustellen, wie noch mehr Bomben Frieden bringen werden.

Da ich kein Politiker, Friedensforscher oder Militärfachmann bin: Das mag alles zu kurz gedacht sein. Diese Einsicht hilft aber nicht gegen die Furcht und die Unsicherheit. Ein anderes Adventslied weiß zumindest von dieser Not und hat Worte für die Sehnsucht nach Hilfe: »Wo bleibst du, Trost der ganzen Welt, darauf sie all ihr Hoffnung stellt?«, heißt es in »O Heiland, reiß die Himmel auf«. Nun wird der »Friedefürst« wohl nicht wie ein »deus ex machina« mit Blitz und Donner in die Szenerie schweben und alles ohne Vertun zum Guten wenden (auch wenn der Mensch sich's wünschen könnt!). Gleichwohl kann – glaube ich – die Hoffnung darauf, dass der »Helfer wert« »voll Rat, voll Tat, voll Gnad« seine Welt im Blick hat und ihre Not sieht, sie auch nicht verlassen hat, dazu ermutigen, die kleinen Schritte des Friedens zu gehen, die uns möglich sind: Fremde willkommen heißen, dem Hass wehren, der Menschenverachtung entgegentreten, zur Versöhnung die Hände reichen und eigene Trennungen (der Konfessionen etwa) überwinden.

Und manche kleine Geste, manch freundliches Wort, die eine oder andere Aufmerksamkeit für Menschenbrüder und -schwestern werden – darauf hoffe ich (nicht ohne Zuversicht) – ein Lachen gebären, das verändert; meine kleine Welt zumindest, und in der Summe die große auch.

Nein, mein Gott, ich gebe die Hoffnung nicht auf – ich hab ja nichts als meine Hoffnung, dass du zu deinem Wort stehst, dass du kommst und diese Welt heilst. Das tust du doch?!

Ein einziger Stern

»Lopchu', lopchu'!« – das ist Klingonisch (sprich: lop-
tschu) und heißt so viel wie »Hurra, Hurra!« Jetzt ist
es endlich wieder so weit: In ein paar Wochen erscheint
eine neue Star Trek-Staffel (diesmal: Star Trek Discovery, die dritte Staffel, mit Commander Michael und
Ensign Tilly, spielt im 32. Jahrhundert und in »Galaxien ..., die nie ein Mensch zuvor gesehen hat«). Darauf
hat die Welt vielleicht nicht, aber haben eingefleischte
Star Trek-Fans ganz gewiss gewartet, die kriegen ja nie
genug von Klingonen, Vulkaniern, Mister Datas und
Kirk, Spock, Picard. Ach ja, aber an Weihnachten wird
sie nicht gesendet, war zu lesen, da macht die Discovery
eine Festtagspause. Aha? Jetzt sind die Trekkies ja nicht
gerade für ihre religiöse Sensibilität bekannt, vielleicht
ist es einfach der us-amerikanischen Weihnachtskultur
geschuldet – oder tiefe, bescheidene Einsicht.

Denn zur Weihnacht geht es nicht um unzähl-
bar viele Sterne, Quasare, Planeten, rote Riesen und
schwarze Löcher, sondern um einen einzigen Stern.
Den von Bethlehem. Und es ist nicht das Raumschiff
Enterprise »mit seiner 400 Mann starken Besatzung«,
das sich aufmacht, »um fremde Galaxien zu erforschen,
neues Leben und neue Zivilisationen« (wie es im Vor-
spann der Originalserie legendär heißt), sondern es
ist Gott, der auf Reisen geht, um den Menschen auf
diesem kleinen, verlorenen Planeten nah zu sein. Ein
Gott, der kommt, um zu bleiben.

Es genügt ja unsere Welt schon, um darin verloren
zu sein. Die Ersten, die von der Geburt Jesu erfuh-

ren, waren solche Verlorenen, Männer und Frauen am Rande, Gefahren ausgesetzt, schlecht bezahlt, mit einem harten Leben – kernige Leute, die mit einem hehren Himmel eher nicht so viel anzufangen wussten. Und die drei, die nach dem Stern sahen und sich in ein fremdes Land locken ließen, auf unvertrautes Terrain, die konnten sich ihrer Sache nicht sicher sein, die kannten den Weg nicht, als sie aufbrachen. Deren »Trek« führte nicht zu den glänzenden Sternen, sondern in einen ärmlichen Stall.

Mich fasziniert sehr, wieviel Wurzellosigkeit sich in der Weihnachtsgeschichte spiegelt: Hirten in der kalten Nacht, unbehaust, Sterndeuter auf der Reise, nach Orientierung suchend, die »Heilige Familie« selbst auf eine elende Krippe angewiesen, »denn sie hatten sonst keinen Raum in der Herberge«. Wir kennen das auch: Entwurzelung, Haltlosigkeit, ohne Heimat zu sein. Und seit dieser Nacht kennen wir einen Gott, der unsere menschliche, entwurzelte Existenz teilt. Die Sehnsucht, nicht allein zu bleiben, die Hoffnung, nicht verloren zu sein – sie gehen nicht ins Leere. In Gottes Gegenwart sind wir zuhause, und wo wir suchen, fragen, an den Rand gedrängt sind, dort ist er zuhause.

Die Engel in der Weihnacht haben sich maßlos gefreut darüber: Die Menschen bleiben nicht allein, keine und keiner geht verloren im »Weltraum, unendliche Weiten«. Ich weiß nicht, wieviele Klingonen, Andorrianer oder Ferengi unter den »himmlischen Heerscharen« waren, aber es wird wohl vielstimmig geklungen haben: »Lopchu'« und »Hosianna«.

(Der Autor dieser Zeilen ist bekennender Star Trek-Fan und hat alle, die Betonung liegt auf »alle«, Folgen

aller Serien gesehen. Die Lektüre der Weihnachtsgeschichte dauert nicht so lange, hilft aber zuverlässiger
gegen Verlorenheit.)

Ich fühle mich allein – du bist da. Ich fühle mich
unbehaust – du gibst mir ein Dach über dem Kopf.
Ich fühle mich verloren in einer lichtlosen Zeit –
du lässt einen Stern aufgehen.

Zwischen den Jahren

Die Beine hoch, die Kaminfeuersimulation auf dem Laptop anschmeißen, die dreitausendneunhundertvierunddreißig Bücher sichten, die sich auf dem Gabentisch versammelt haben (weil: Einem wie mir schenkt der Mensch am besten Bücher), und ein, zwei auswählen, Tee kochen (Ostfriesenmischung!) und naschen, ganz viel naschen, unvernünftig viel naschen von den Dominosteinen, dem herrlichen Stollen, und vom Lebkuchen (aber nur die mit dem weißen Guss!) … ach, ich liebe diese Zeit nach den Feiertagen und vor dem Jahreswechsel. Da ist nix los, da will keiner was von mir, da lässt sich in den Tag hineinleben, als gäb's kein morgen.

Zwischen den Jahren – ganz im Ernst, ich mag diese Tage wirklich sehr und teile diese Vorliebe gewiss mit vielen. Es ist eine Zeit wie im Schwebezustand, am Ende des Jahres, da alles getan ist, und vor Beginn des neuen, das wieder mit Herausforderungen wartet. »Zwischen den Jahren« ist Auszeit.

Aber: Ist das denn erlaubt, ist es denn nicht wirklichkeitsfremd? Denn auch zwischen den Jahren habe ich meine Last zu tragen, ändert sich nichts daran, dass ich gefordert bin, mit meinen schmerzlichen Wunden oder lästigen Wehwehchen, auch zwischen den Jahren trage ich Verantwortung für meine Mitmenschen, den Planeten und für mich selbst. Das hört ja alles nicht auf, nur weil's drumrum ein wenig unaufgeregter zugeht. Zurücklehnen, Beine hoch, Christstollen? Sind Christ und Christin nicht vielmehr allzeit bereit?

Ich glaube, nun lacht sich der, nach dem wir uns nennen, eins. Auszeit? Na klar! Von Jesus wird berichtet, dass er sich gerne mal davonmachte, fort von der Menge derer, die ein Anliegen hatten, dass er sich zurückzog, um zu beten, um in der Stille zu sein, um durchzuatmen, glaube ich, um Abstand zu gewinnen. Kein Schade also, oder besser: eine richtig gute Idee, es ihm gleichzutun.

»Meine Seele ist stille zu Gott, der mir hilft«, betet David im 62. Psalm. »Zwischen den Jahren« bietet allerschönste Gelegenheit dazu.

(Ach ja, und in Wahrheit habe ich gar keine Kaminfeuersimulation auf meinem Endgerät!)

Die Freiheit nehme ich mir, jetzt die Hände in den Schoß zu legen, zum Ausruhen und zum Lauschen. Ich kehre in deine Stille ein, mein Gott, da bin ich zuhause – zwischen den Jahren und immer.

Finale Stimmung

»Finaaale, ooo-hohoho!« – schon mal gehört? Sie müssen das grölen, laut und möglichst unmelodiös, aber mit drei Hebungen auf dem »hohoho« und einem langgezogenen a in »Finale«; dann stimmt's, und dann passt es auf die Ränge von Fußballstadien oder anderen Sportstätten. Nur gab's halt, im ausgehenden »Gurkenjahr« (wie mancher behauptet) wenig Anlass, das zu singen (bzw. zu brüllen, zu nuscheln, zu krächzen). Nix mit Finale – die Bayern schwächeln, »Die Mannschaft« gibt sich »mit högschter Konzentration« dem Gespött preis, die Landtagswahlen geben zu manchem »Hoho?« unliebsam Gelegenheit. Finale-Stimmung? Eher nicht.

Oder eher, anders geschrieben und betont, als »finale Stimmung«. Da geht mancherlei den Bach runter: Spielkultur auf dem Rasen, Anstand in den sozialen Medien, Respekt in der politischen Sprache, demokratische Ordnung in Europa und anderswo, Natur und Landschaft in der »Heißzeit«. Final schon, aber im Sinne von: endgültig, endzeitlich, nicht wiedergutzumachen.

Dieses Gefühl kann aufmerksame Zeitgenossen beschleichen, wenn sie Jahresrückblick halten. Und wäre – auch wenn's naheliegt – ein Irrtum. Denn nichts ist final. In Wahrheit geht mit Silvester ja nichts zu Ende, bloß die Jahreszahl wechselt, aus dem Altjahrsabend wird ein Neujahrsmorgen und das Spätjahr wird zum Frühjahr, über Nacht. Wer dachte, damit sei nun alles zu Ende, was schön oder schwierig war, wer dachte, jetzt geht alles von vorne los: neue Chancen, neue

Schicksale – der lag schon immer falsch. Nein, die Zeit geht einfach weiter.

Und sie wird einfach weiter begleitet. »Meine Zeit steht in deinen Händen«, heißt es im 31. Psalm – und er sagt damit, dass Gott in unserer Zeit jederzeit gegenwärtig ist. In all ihrem Wechsel, in all den Zeitläufen, die uns beglücken oder bedrängen mögen, ist er an unserer Seite. »In deinen Händen« ist ein Versprechen: Niemand fällt aus der Zeit heraus, und kein Finale ist endgültig und ohne Zukunft.

Wenn wir jetzt ins neue Jahr gehen, dann können wir es ohne »finale Stimmung« tun, vielmehr: zuversichtlich! In dessen Hand unsere Zeit steht, der leiht auch seine Hand und der stärkt unsere Hände, damit die Zeiten sich wieder ändern, zum Guten hin (und vielleicht stärkt er der »Mannschaft« ja auch die Füße ... obwohl's noch Wichtigeres gibt).

Nichts geht zu Ende, Gott, vor allem deine Zuwendung nicht. Du bist aufmerksam, jeden Tag im Jahr, jede Stunde im Tag. Darauf zu hoffen hilft mir, wenn ich in Endzeitstimmung gerate.

Lass krachen!

... sagt, wer zur rauschenden Ballnacht aufbricht, zur fröhlichen Silvesterparty oder in den wohlverdienten, Erlebnisse verheißenden Urlaub. »Lass krachen!« ist ein lebenslustiger Apell, ist eine heitere Aufmunterung.

Und die können wir wohl gebrauchen: Aufmunterung. Weil es im vergehenden Jahr doch so viel gekracht hat, weil so viel explodiert und zerborsten ist: ganze Städte im Nahen Osten, in Syrien zumal, Dörfer, Häuser, Existenzen. Und da rede ich von ganz konkreten Menschen, in deren Gesichtern der Schmerz und die Verzweiflung stehen. Gekracht hat es in Paris, in Boston, in San Bernardino. Und da rede ich von ganz konkreten Menschen, die Opfer des religiösen Fanatismus geworden sind. Manches Haus ist eingekracht, bei Erdbeben und Erdrutschen, in Fluten und Stürmen. Und da rede ich von ganz konkreten Menschen, die Heim und Hof und oft genug Familienmitglieder, Freunde und Bekannte verloren haben. Und bei manchem von uns, im privaten, persönlichen Leben kracht und knarzt es ganz erheblich, weil eine Beziehung gestört ist, weil eine Krankheit in Frage stellt oder der Tod hereingebrochen ist. Und da rede ich von ganz konkreten Menschen, von dir und mir.

Lass krachen – nicht so gerne, wenn sowieso schon alles zusammenfällt!

In der Silvesternacht, in der Nacht um Zwölf, da wird's auch ganz außerordentlich krachen. Da böllert's und ballert's, da raucht's und rumort's, dass es eine Lust ist, da fallen einem schier die Ohren zu und anschließend wabert der Rauch durch die Straßen und Gassen. Mir persönlich ist das immer viel zu viel Getöse, aber mancher braucht das wohl.

Ja, so ist die Tradition der Silvesterknallerei auch entstanden. Weil die Menschen dachten, sie brauchten das: Sie brauchten Lärm und Krach gegen die bösen Geister, Rummel und Tumult, Pauken und Trompeten, Böller und Raketen gegen die Dämonen, die sich vom Getöse erschrecken lassen sollten und dann fliehen. Ich weiß nicht, ob es früher, als der Lärm erfunden wurde, funktioniert hat – heute funktioniert es jedenfalls nicht! So zynisch das klingt: Keine Silvesterrakete hilft gegen eine Fassbombe in Syrien, kein Böller verhindert ein Bombenattentat, keine Leuchtkugel wendet Gewehrkugeln ab.

Die ganze Ballerei ist – so gesehen – herzlich umsonst. Die bösen Geister, die uns im vergehenden Jahr bedrückt haben, die springen nicht von unserer Schulter, die Dämonen der Angst verziehen sich nicht wie der Rauch nach der Feuerwerkerei. Was alles nicht für sonderlich gute Aussichten spricht.

Und jetzt? Jetzt hör ich mal ganz genau hin. Denn das Schönste am Silvesterabend ist das Warten, bis es Zwölf geschlagen hat, und das Zweitschönste ist die Stille nach dem Lärm. Zwei Momente, die ich genießen kann. Es ist die Ruhe, die mir Hoffnung macht – eine Ruhe, die es zwischen all dem Lärmen und Tosen doch auch immer wieder gibt. Die Ruhe, die Menschen ausstrahlen, die lieben können, die zur Freundschaft oder Versöhnung die Hand reichen; die Ruhe, die von Kindern ausgeht, die sich trösten ließen, und von Alten, deren Erfahrung sie weise gemacht hat. »Es ist noch eine Ruhe vorhanden« für euch, verheißt die Bibel.

Gott hat Ruhe für uns – Ruhe von der Mühe des Vergangenen, Ruhe für das Neue. Was mich ruhig macht, ist, dass ich mich auf Gott verlassen kann. Nicht für den Krach sind wir und ist die Welt gemacht, sondern für die Stille einer leisen Liebe – so leise, dass ich sie kaum höre, aber mächtiger als alles, was mit Donner und Gedröhn daherkommt. Die setzt sich durch.

Und weil ich darauf hoffe, und weil diese Hoffnung mutig macht, kann ich's, so richtig lebenslustig, krachen lassen. Machen Sie's – ruhig – auch so!

Der Lärm ist groß, mein Gott, deine Ruhe ist größer.
Mein Herz ist ängstlich, du ermutigst mich. Ich schaue
zaghaft nach vorne, du lässt mich getrost sein.

neu und alt

Neu? Wie – alles neu? Quatsch, nix ist neu! Bloß weil's um Mitternacht geläutet und gelärmt hat, nur weil's bimmelt und böllert, verändert sich nichts. Die neue Zahl auf der Datumsanzeige sagt nicht viel, und das frische »1.1.« am Neujahrestag macht nicht alles besser oder gar gut. Die Krankheit hockt immer noch in mir drin, der Seelenschmerz ist nicht vergangen, die dumpfe Furcht nimmt mir weiter den Atem, die Wunde der im vergangenen Jahr gescheiterten Beziehung brennt weiter. Gerade so, wie's im Regenwald weiterlodert, die Meere stetig zumüllen, die Erde zunehmend ins Schwitzen kommt.

Das klingt ein wenig frustriert und etwas zu abgeklärt – aber es ist nun mal so: Nix wird neu! Sind dann die Neujahreswünsche – auch die frommen, mit Segensgrüßen und Vertrauensvorschüssen in den Gott, der »die Zeit in Händen« hat, nur Schall und Rauch, mit derselben Halbwertszeit ausgestattet wie Glockenschlag und Feuerwerk? Nein, gewiss nicht. Denn: Dass nicht alles neu wird, das ist das Gute am Jahreswechsel. Wie gut: Es bleibt alles beim Alten.

Genauer gesagt: Es bleibt alles in der Hand des Alten – so, wie es im 5. Buch Mose heißt: »Zuflucht ist bei dem alten Gott und unter den ewigen Armen.«

Wobei nun »alt« nicht »veraltet« oder »längst überholt« meint, sondern: verlässlich, von Alters her an unserer Seite. Gott ist ein erfahrener Gott, der die Menschengeschichte mitgeht und jede unserer Menschengeschichten; dessen Liebe und Zuwendung nicht

dem Wechsel der Zeiten und Moden und Daten unter-
liegt, der uns stetig festhält. Das gilt, immer schon,
jetzt auch, morgen wieder, alle Zeit.

Neu? Wie – alles neu? Doch: Jeden Tag neu, die
Liebe des zugewandten, verlässlichen Gottes. Ich will
darauf bauen im neuen Jahr.

Was es bereithält für mich, das neue Jahr, das weiß ich
nicht – ich schwanke zwischen Hoffnung und Furcht.
Du schwankst nicht, mein Gott, darauf setze ich.

Im Gegenlicht

Echt, das wünschst du eigentlich deinem ärgsten Feind nicht, und ich Ihnen sowieso nicht. Das wäre ja auch sehr unangenehm für Sie, und ich würde am Ende nicht die Hand dafür ins Feuer legen, dass Sie zu guter (eher: schlechter) Letzt in der unleidigen Zwangsjacke und der viel beschrienen Gummizelle landen. Könnte passieren ... wenn Sie »Erscheinungen« haben. Ähm – haben Sie Erscheinungen? Na, dann aufgepasst!

Oder: Losgefeiert!

Es ist ja schon seltsam: Die Evangelische Kirche widmet den Erscheinungen ein ganzes Fest im Kirchenjahr, das Epiphaniasfest – und »Epiphanias« (griechisch) heißt (deutsch) nichts anderes als »Erscheinung«. Ach ja, da muss ich mich korrigieren: Es geht am 6. Januar nicht um »Erscheinungen« im Allgemeinen, im Großen und Ganzen, nicht um Kraut- und-Rüben-, Wald- und Wiesen-Erscheinungen, die ja schnell mal einer behaupten kann. Das Fest erzählt nur von einer einzigen: der Erscheinung dessen, der die Welt zurechtbringt und der damit ganz klein beginnt.

Ich glaube, die Kirche feiert ihn so, mit einem eigenen Festtag (einem hervorragenden sogar: ursprünglich war der 6. Januar in der alten Kirche der Weihnachtstag – und ist es bei den orthodoxen Christinnen und Christen noch heute), sie feiert ihn so besonders und hervorgehoben, weil Christus im Stall die »Gegenerscheinung« schlechthin ist, der Sonnenaufgang, der Lichteffekt, der alles wendet.

»Erscheinungen« – unangenehme, unwillkommene, ungebetene – gibt es ja zuhauf: die leider gar nicht eingebildete Erscheinung, dass die Welt von Gewalt und Missgunst regiert wird; der bedrohliche Umstand, dass unser Klima auf den Kollaps zurast; die ungeliebte Tatsache, dass Menschen an Leib und Seele schwer und tödlich erkranken können und um Hilfe und Hoffnung ringen – Erscheinungen, unleugbare Realitäten, die keiner will und die keine braucht und die wir doch nicht ignorieren können. Nein, davon absehen können wir nicht, aber in einem anderen Licht sehen können wir sie schon. »Im Gegenlicht« Gottes nämlich, im Licht aus dem Stall, das von einer Liebe zeugt, die das kleine Menschlich-Allzumenschliche schätzt und wertachtet, ein Licht, das, wie es im alten Weihnachtsbibeltext heißt, »aus der Finsternis hervorleuchtet.« »Und über denen, die im Dunkeln sitzen, geht ein Licht auf.« Epiphanias: die »Gegenerscheinung« wider alle unsäglichen, bedrängenden Erscheinungen.

Jochen Klepper, Christ und Dichter in der bedrängenden Zeit des Nationalsozialismus, schrieb in einem Gedicht zur Weihnacht: »Beglänzt von seinem Lichte hält euch kein Dunkel mehr. Von Gottes Angesichte kam euch die Rettung her.«

Haben Sie eine Erscheinung? Ich gratuliere – dann feiern wir doch Epiphaniastag!

Gott, strahl mich an, und vertreibe die Wolken, die mich überschatten. Strahl hell und warm, damit dein Licht mich ermutigt und mir das Herz stärkt.

Drehungen

Es kommt wohl auf den Tonfall an! »Ja, ich dreh durch!« kann ein Ausdruck größter Entzückung sein, oder – finstersten Zorns. Beides werden Sie kennen. Überhaupt sind wir ja manchmal ganz ordentlich am (Durch-)Drehen. Es gibt Tage, da drehe ich hohl, da scheint alles völlig sinnlos und vergebliche Liebesmüh'. Und es gibt Zeiten, da überdrehe ich, indem ich mich über meine Grenzen belaste und anstrenge. Dann dreht sich mir alles: Mir ist schwindelig. Und richtig schwierig wird es, wenn nichts mehr rund dreht, wenn ich aus der Bahn gerate und das Gleichgewicht verliere. Da kann man schon den Drehwurm kriegen!

In unserer Welt geht es gerade recht kantig zu, und das friedvoll-runde Leben, an das wir uns in unseren Breiten doch recht gut gewöhnt haben, gerät ins Wanken, ist nicht mehr so selbstverständlich, wie es viele Jahrzehnte des Friedens (bei uns) vermuten lassen.

Sorgen sind wohl angebracht; auch deshalb, weil es nun wieder ein paar Leute gibt, die gern am Rädchen drehen und auf schwierige Fragen verführerisch einfache Antworten geben (und dabei auch gerne mal die Tatsachen verdrehen ...). Aber auch die haben den Dreh nicht raus – im Gegenteil!

Was tun in solchen Zeiten? Die Bibel rät: Dreh dich um! Wende dich dem zu, der die Dinge drehen kann, der den Dreh für ein gelingendes Leben kennt. Immer wieder – zur Karwoche und an Ostern etwa – feiern wir das in unseren Kirchen: Gott dreht sich nicht zur Seite, wenn Leben in Gefahr ist. Nein, er trägt mit, was

Menschen belastet und bedrängt, was sie durchdrehen lässt; und selbst dem Tod weicht er nicht aus.

Aber er wendet's, er dreht's zum Guten: Der Tod hat nicht das letzte Wort – Gottes Lebendigkeit dreht auf; und es wird Ostermorgen, es ist wieder Platz für Leben und Lebensmut.

Wenn ich mir klarmache, was das wirklich bedeutet, wie groß das ist, denk ich: »Ja, ich dreh durch!« Das heißt doch, dass wir Zukunft haben, auch in den Sorgen, und dass jede Situation, so leidvoll sie sein mag, gedreht werden kann! Wir müssen uns von den einfachen Antworten nicht den Kopf verdrehen lassen, und wir brauchen uns keine billigen Lösungen andrehen lassen; wir können auch die schwierigen Wege gehen und die Sorgen mit Bedacht und ohne Panik angehen, die eigenen und die im Großen-Ganzen.

Da drehe ich mich doch gleich mal um – und vertraue mich und diese Welt Gott an.

Gott, ich kann es drehen und wenden, wie ich will, es bleibt dabei: Du bist dabei – in der Geschichte dieser Welt und der Menschen, in den großen und kleinen Schicksalen. Dreh's zum Guten, Gott, du siehst, wie sehr wir darauf warten!

Da musst du durch

Liebe Krankheit, also: Wir kennen uns ja nun schon eine ganze Weile und ich finde, ich hatte bisher viel Geduld. Du hast dich austoben können, hast ganz nett gezwickt und gezwackt, Tag und Nacht. Und jetzt, denke ich, jetzt bin ich mal dran. Komm, wir machen einen Deal: Du lässt mich mal für ein paar Tage in Ruhe, ich krieg mal eine Woche Urlaub. Zum Spaziergang in der Abendsonne Hand und Hand mit meiner Frau, damit's mir beim Italiener mal wieder schmeckt und ich ein-, zweimal durchschlafen kann. Das ist doch nicht zu viel verlangt, oder? Und danach – naja, dann machst du halt wieder, was du willst. Was meinst du? Hand drauf?

Aber Frau Krankheit schweigt. Keine Chance. »Da musst du durch!«, sagt mein Hausarzt nicht unfreundlich, aber bestimmt. Es gibt keinen anderen Weg. Krankheit, Genesung, Heilsein. So ist das; Urlaub steht nicht zur Debatte.

Da musst du durch. Sie werden solche Zeiten und Momente auch kennen. Wenn alles nichts hilft, wenn es kein Ausweichen gibt, kein Ausbrechen nach rechts oder links, so gern der Leib und die Seele das hätten und so sehr sie's doch bräuchten. Krankheit, Schwermut, Trauer, Tod – sie schließen keine Deals.

Gott kennt das auch. Davon erzählen die Passionszeit, die Karwoche, das Kreuz auf Golgatha.

Eine der Geschichten der Karwoche bewegt mich jedes Mal sehr: die Gethsemaneerzählung, da Jesus mit dreien seiner Freunde in den »Ölbaumgarten« geht, um zu beten. Da ringt er um Kraft, da hofft er, dass der bittere »Kelch an ihm vorübergehe«, da weint er verzweifelte Tränen. Aber: Urlaub wird nicht gewährt. Da musst du durch. Ich glaube freilich, dass dieses »Muss« kein herzensharter Gott beschließt, der seinen Heilsweg durchsetzt, koste es Jesus, was es wolle, kein willkürlicher oder zorniger, selbstgerechter Gott, der sein Mütchen kühlen muss. Ich glaube, da waltet ein Muss der Liebe.

Da Gott uns liebt, muss er unsere Wege gehen, unseren Schweiß schwitzen, unsere Angst ausstehen; weil er uns liebt, muss er durch all das durch, was uns an Wunden und Krankheit in die Knie zwingen kann. Das muss so sein, weil eine Liebe, die diesen Namen verdient, nicht abseitssteht, sich nicht heraushält, nicht über den Dingen schwebt. Liebe muss da und drin sein. Liebe muss da durch.

Und sie tut es, Gott liebt so, weil er uns ernst nimmt und das, was uns belastet – und weil er liebevoll dafür sorgt, dass es am Ende ein »Durch!« gibt. Richtig gehört: Da musst du durch – heißt schließlich auch, mit Gott an der Seite, mit Gott da und drin: Da kommst du durch. Das bringst du hinter dich, das wird vergehen. Krankheit wird geheilt, Schwermut verwandelt sich in Lebenslust, Trauer wird getröstet, der Tod vergeht.

Da musst du durch, da kommst du durch!

Manchmal, mein Gott, fällt es mir schwer zu glauben, dass ich durch das Bedrängende, Dunkle hindurchfinden werde. Dann, bitte, nimm mich bei der Hand und hilf mir, meine Schritte zu setzen.

Licht an!

»Der Letzte macht das Licht aus!« – das ist kein schöner Satz; er klingt nach »Ende Gelände«, nach gespenstischer »Ruhe im Karton«. Wenn der Letzte gegangen und das Licht ausgeschaltet ist, dann bleibt es finster. Den Jüngern und Jüngerinnen am Karsamstag mag das so ergangen sei: kein Licht mehr, keine Hoffnung, nur noch dunkle Leere und alle lichten Pläne und Sehnsüchte zerbrochen und im Finstern verweht.

Was aber ist tatsächlich geschehen? »Der Erste macht das Licht an!«

Diese Wende von der Karsamstag-Nacht hin zum Ostermorgen fasziniert und bewegt mich Jahr um Jahr.

Von Grabesstille, Totenwache, Friedhofsruhe hin zur Lebendigkeit, zu Osterlachen und Zuversicht durch den Tod hindurch. Und jedes Jahr möchte ich das aushalten: den traurig-tragischen Blick in die bodenlose Dunkelheit – und plötzlich scheint ein kleines zaghaftes Licht auf, zuerst nur verletzlich und verhalten, und dann bricht es sich Bahn, füllt die Grabeshöhle, den Weltenraum, mein Herzhaus.

Der Erste macht das Licht an! Christus, der Auferstandene, den die Todesnacht nicht halten konnte, ist der Erste. Der, der uns ein Licht ansteckt, und nun gibt es in Wahrheit keine unauslotbare Dunkelheit mehr. Macht er das Licht an, wie am ersten Schöpfungstag (»Es werde Licht und es ward Licht«), dann kann es nicht mehr finster werden.

Ein bisschen ist's wie beim Ilja (Sie erinnern sich?): Ilja Richter. Wenn der in seiner ZDF-»Disco« den Ehrengast ankündigte, dann hieß es immer: »Licht aus! Whoom! Spot an! Jaaaa ...«.

Nicht anders am Ostermorgen. Das Licht ist aus (seit der Sonnenfinsternis am Karfreitag zur Sterbestunde Jesu), »Whoom!« – wie dunkel kann es sein! Gott aber ruft über die seufzende Schöpfung: »Spot an!« – und der Erste macht das Licht an: »Jaaa ...!«.

Dieses Ja ist über jeden unserer Tage gesagt. Und so, wie nach dem Letzten, der das Licht ausmacht, keiner mehr kommt, der noch etwas zu hoffen hätte, so kommen nach dem Ersten, der das Licht wieder anmacht ... wir, die wir im Lichte stehen und gehen und sind.

Das Licht ist an, Gott, das Licht ist an, und sein Schein erreicht auch mich, der ich mich im Dunkeln wähne. Jetzt mache ich die Augen auf und fürchte nichts mehr.

Zum Davonlaufen

Es gibt sie, die Dinge, die ich zum Davonlaufen finde: langweilige Kirchenredner, die den Punkt nicht treffen (und wahrscheinlich gar nicht suchen); alkoholschwangere Feierorgien auf dem Ballermann, die auch zu »Nicht-Corona-Zeiten« unerträglich sind; vorurteilsgeifernde »Wir sind das denkfaule Volk«-Demonstranten, die Lautstärke mit Argumenten verwechseln. Die Davonlauf-Liste ist sehr lang, da fällt Ihnen gewiss auch einiges und das Ihre ein. Und wahrscheinlich anderes als mir.

Manchmal ist das sehr verwunderlich. An Ostern zum Beispiel. Ostern – ich stell mir das toll vor, sehr erhebend, vielleicht gar: triumphal. Immerhin: Der unseren Tod starb, aufersteht, unter Vogelgezwitscher, bei Morgenmelodien. Die Kräuter im Ostergarten duften um die Wette, die Blumen wollen nicht zurückstehen und blühen auf, strahlend, herrlich, hell. Die grimmigen Grabwachen haben sich verkrümelt, der Stein ist fortgerollt, aus der Grabeshöhle kommt ein sanftes Glimmen – und irgendwo ist ein freundlicher Gärtner unterwegs, der die Szene ermutigend deutet. Der Tod ist besiegt! Ja hallo, jetzt wird gefeiert!

Den drei Frauen, von denen die Ostergeschichte der Bibel erzählt, ist das wohl anders ergangen. Sie fanden das Ganze (wie ich den Ballermann oder von mir aus das Heavy-Metall-Konzert) zum Davonlaufen. So jedenfalls wird es berichtet: Sie ließen die Salbentiegel aus der Hand fallen, warfen die Leintücher in die Büsche, ließen ihren guten Vorsatz fahren, dem Toten noch die letzte Ehre zu erweisen, nahmen die Beine unter die Arme und stürzten davon. Ostern – zum Davonlaufen!

Naja, das stimmt nicht ganz. Bevor sie davonstoben, bekamen sie noch einen Auftrag mit: »Erzählt den anderen!« Dann war das erste Ostern nicht einfach zum Davonlaufen, dann war es zum Losziehen, zum Aufbrechen, zum Hinlaufen – hin zu denen, die auf diese Nachricht warteten, die in ihrer Trauer hockten, in ihrer Angst verharrten und sich nicht zu bewegen wagten. Gott sei Dank sind diese Frauen hingelaufen; zum Glück haben sie sich's nicht am Grab, im Garten gemütlich gemacht. Hätten sie ja können, und die Botschaft, dass der Tod der Lebendigkeit Gottes nichts entgegenzusetzen hat, hätten sie ja für sich behalten können, als kleines, nettes Geheimnis zwischen Gott Salome, Maria Magdalena und Maria (so hießen sie im Markusevangelium). Haben sie nicht, Ostern hat sie in Bewegung gebracht.

Ist das nicht zum Hinzulaufen und Anteil haben wollen? Ich finde schon.

Und ich will auch nicht schweigen, will erzählen, was du mir bist, wie du mich liebst. Ich will dahinlaufen, wo die anderen wohnen, die auf dich warten, die das Leben feiern möchten.

Immer schon!

Sie sind in arger Verlegenheit! Tieftraurig und zu Tode betrübt – und nun auch noch diese bange Frage. Maria, die Mutter Jesu, Maria von Magdala und die Freundin Salome gehen ihren schweren Gang, zum Friedhof, am Ostermorgen. Und verzweifelt müssen sie sich fragen: »Wer rollt uns den Stein fort?« Denn das wissen sie: Das Grab Jesu ist verschlossen worden, damit keiner den Leichnam raube, damit er vor Tieren geschützt sei, verschlossen mit einem tonnenschweren Stein. Wer rollt uns den Stein fort?

Gerade geht die Sonne auf, kalt ist es noch, und der Nebel lichtet sich nur langsam, ganz langsam. Sie kommen, um einem Toten Gutes zu tun, um ihm, dessen Tod sie kaum begreifen, kaum verschmerzen, um ihm die letzte Ehre zu erweisen. Wenigstens anständig begraben werden soll er, nicht einfach hineingesteckt in eine schwarze Kammer, Stein davor und zu, aus den Augen, aus dem Sinn. Nein, aus dem Sinn ist er ganz gewiss nicht. Dazu ist der Schmerz viel zu groß. Aber der Stein, der Stein liegt zwischen ihnen und dem Geliebten.

»Wer rollt uns den Stein da weg?« Ich kann diese Frage gut verstehen und die Furcht, die darin schwingt. Es gibt so viele Steine, die mich zur Verzweiflung treiben, die mich entmutigen. Manchmal liegen riesige Steine zwischen mir und meinen Hoffnungen; und meine Pläne, meine Lebensentwürfe scheitern rasch an irgendwelchen Felsen, die sich schwer vor die Zukunft legen.

Sie kennen das auch. Steine aus Verletzung und Zorn liegen vor der notwendigen Versöhnung, Steine aus Krankheit und Gebrechen liegen vor dem geruhsamen Lebensabend, ein unüberwindlicher Todesstein, ein Grab-Stein, wenn der vertraute, geliebte Mensch gestorben ist – und Trauer und Verlust liegen wie Steine vor dem Trost, dem Weiterleben-Können ohne den Mann, den Vater, die Mutter oder Tochter.

»Wer rollt uns den Stein da weg?« Die Liebe der drei Frauen muss leidenschaftlich gewesen sein. Sie wissen nicht, wer ihnen helfen mag, sie gehen trotzdem los, in den trüben Morgennebel hinein, in den düsteren Garten, sie riskieren es, unverrichteter Dinge wieder umzukehren. Ihre große Liebe riskiert einen noch größeren Schmerz. Mich rührt das sehr an, mich berührt, dass sie losgehen, auf eine vage Ahnung hin, auf eine zaghafte Vermutung hin, dass irgendwer schon Hand anlegen wird, dass irgendeiner den Stein schon in Bewegung bringt.

Doch nicht irgendwer, nicht irgendeiner – nein, Gott selbst, Gott rollt den Stein da weg. Später begreifen sie's, zusammen mit den Jüngern, später begegnen sie ihm, dem Auferstandenen, dem Lebendigen, später wird aus einer Schreckensstunde in der Früh doch noch ein Ostermorgen.

Später – was für ein ermutigendes Wort, denn es zeigt an, in welcher Zeit wir leben.

Wir leben nach Ostern, wir leben nach der Auferstehung – der Stein ist immer schon fort. Das Grab ist immer schon leer, der Auferstandene hat sein Werk getan, die Zukunft steht offen. Immer schon – in Wahrheit liegt da kein Stein mehr vor unseren Möglichkeiten, das Leben bricht an, immer schon und jeden Morgen neu. **109**

In der Evangelischen Lutherkirche in Baden-Baden, OT Lichtental, ist dieses große »Immer schon« sehr sinnenfällig dargestellt. Der Altar der Lutherkirche ist hohl, in der Höhlung brennt zu den Gottesdiensten ein kleines Licht. Der Altar ist ein Auferstehungssymbol: Das Grab ist leer – immer schon, und wir können nach vorne leben, zukunftsoffen, hoffnungsfroh.

Nach vorne zu leben – wie geht das, mein Gott? Mich hält das Alte gefangen. Hilf mir, den Kopf zu wenden und aufzuschauen, hilf mir, den Blick zu heben – und komm mir ein paar Schritte entgegen!

Von der Faulheit,
oder: Fronleichnam

Der Herr Pfarrer W. aus B.-B. – jüngst haben wir uns getroffen, zufällig, es war zuerst recht nett – der Herr Pfarrer W. aus B.-B. ist allerdings (Entschuldigung, aber das muss mal gesagt werden!) eine faule Socke. Er hat es selbst zugegeben! Als wir so beieinandersaßen, bei einer schnellen Tasse Kaffee, da sagte er mir, dass er Feiertage liebe. Das ist vielleicht für einen Pfarrer nicht so überraschend, darum wollte ich wissen, ob er eine besondere Vorliebe habe. »Ja«, meinte er, mit einem breiten Grinsen (ich war auf Ostern oder Karfreitag gefasst): »Fronleichnam«. Wie jetzt? Das ist doch gar kein evangelischer Feiertag! »Eben! Da hab ich dann mal wirklich frei!«

Faule Socke – sag ich doch. Und weil ich kein Blatt vor den Mund nehme, hab ich ihm das auch gesagt: »Pfarrer W. aus B.-B., du bist eine faule Socke!« Das hat gesessen – erst hat er den Kaffee kalt werden lassen, dann stand er auf und ging, einigermaßen grußlos. Empfindlich ist er also auch. Bloß, naja, mit etwas Abstand und Bedenken muss ich sagen ... vielleicht hab ich ihm Unrecht getan.

Vielleicht hat er ja recht, also damit, dass Faulheit, oder: Pause, Mal-Abschalten, Ruhe-Halten, Durchatmen, ihren Sinn haben und durchaus gottgefällig sind.

Der katholische Fronleichnamstag erinnert – wie unser evangelischer Karfreitag – daran, dass Gott Mensch geworden ist, dass er – der Gott mit menschlichem Angesicht – in Jesus all das mittrug und -litt, was Menschen auf den Schultern lastet, was sie leiden macht. Gott kennt, was uns niederdrückt und lässt es sich etwas angehen. Aber wozu hat Jesus die Fron geleistet, derer der Fronleichnamstag gedenkt?

Wohl nicht, damit wir immerzu zu tragen haben, damit es mühevoll zugehe im Leben, ohne Pause und ohne Unterlass. »Auf dass wir Frieden hätten, und durch seine Wunden sind wir geheilt«, heißt es beim alten Jesaja. Der gibt ein Ziel an all der Gottesfron: unsere Heilung, Frieden!

Wenn darum der Herr Pfarrer W. aus B.-B. am katholischen Feiertag die Hände in den Schoß legt, den Sorgen ein Liedlein pfeift und Gott einen guten Mann sein lässt – hat er vielleicht sehr viel von dem verstanden, was Gottes Wille für uns ist. Dass wir »dann mal wirklich frei« haben und sind – und uns auf dem Weg dahin schon mal Freiheiten nehmen können. Die Freiheit, das Schöne zu genießen, die Zeit auszukosten, Atem zu holen.

Hm, so langsam fang ich an, den Herrn Pfarrer W. aus B.-B. zu verstehen – aber ich will's mal nicht übertreiben.

Mein Gott, hilf mir, die Freiheit in Anspruch zu nehmen, zu der du mich befreit hast; hilf mir, die Ruhe zu genießen, mit der du mich beschenkst.

Durchatmen

Mit der Lunge, wissen Sie, ich hab's mit der Lunge. Da war ich Covid-19-mäßig etwas (nein, eigentlich: wirklich sehr) angeschlagen, nun hakt's beim Atmen ein bisschen: Ich kann das volle Lungenvolumen nicht ausschöpfen. Ich merke das beim Pedalieren, wenn es den Buckel hochgeht, oder beim Nordic Walking, wenn ich mit den Stöcken wirbeln will. Geht nicht ganz so, wie gewohnt – und weil ich älter bin, als ich mich fühle, merke ich das auch. Aber – Gott sei's gedankt – es gibt ja Abhilfe. Die Therapeuten, die mich nach dem Virus wieder aufbauen wollen, haben mir ein wunderbares Geschenk zugeeignet: ein ganz einfaches Ding, mit Kunststoffschlauch und Mundstück, ein kurzer Zylinder mit einem orangefarbenen Bällchen drin, das ich zu Übungszwecken tief einatmend in der Schwebe halten muss. Schon mal gesehen? Das ist ein »inspiratorischer Atemtrainer«.

Herrlich – und deshalb gibt es Pfingsten! Die Freundinnen und Freunde Jesu, die ersten Christinnen und Christen, die hatten nämlich auch Atemprobleme. Als ihr Meister starb – und mit ihm alle Hoffnung –, stockte ihnen der Atem; als er am Ostermorgen nicht zu finden war, gelang das Aufatmen nicht so recht; da sie verängstigt, trauernd, zweifelnd in irgendeinem Keller hockten, atmeten sie flach und lautlos, damit keiner sie fände, kein Tempelwächter, kein römischer Legionär; und als Jesus sich auf- und davonmachte, da blieb ihnen die Luft weg: Was sollten sie denn jetzt machen, ohne ihn, allein?

Da kam das Pfingstfest, Gottes »inspiratorischer Atemtrainer«. Im Sprachgebrauch der Therapeutinnen und Therapeuten heißt »Inspiration«: Einatmen. Wer einatmet, füllt die Lunge mit dem, was er oder sie braucht, mit Luft, mit Sauerstoff. Das Einatmen geschieht nicht willentlich – wir können gar nicht anders, der Atem kommt, der Atem geht, aus und ein, ein und aus. Und wir müssen ab und zu durchatmen, aufatmen, tief atmen, die Brust weiten, Luft holen. Wir können gar nicht anders, wenn wir lebendig sein wollen. Gott weiß das – und darum stellt er am Pfingstfest zur Verfügung, was wir so dringend brauchen: Ruhe zum Durchatmen, Hoffnung zum Aufatmen, Freude, die die Brust weitet. Für die ersten Christinnen und Christen war das eine überraschende, begeisternde, im Wortsinn inspirierende Erfahrung: Wenn uns die Luft ausgeht, wenn uns der Atem stockt, gibt Gott, was wir brauchen, um lebendig zu sein.

Doch der Christenmensch täusche sich nicht: Da geht's nicht hoch her und braust mächtig vor sich hin – und dann ist alles gut. Nein, mein »inspiratorisches« Heilmittelteil ist ein »Atem*trainer*«! Es gilt, das Atmen zu üben, das Einatmen, Durchatmen, Aufatmen. Oft genug fehlt mir das Vertrauen, mich einfach mal dem Leben zu überlassen (ich habe die Dinge halt gerne im Griff ...); ich wage es nicht, mich mit breiter Brust zu freuen (es könnte ja noch etwas schiefgehen ...); oder ich nehme mich nicht aus dem Gewühle und Gewusele heraus, um Luft zu schnappen (ich könnte ja etwas verpassen ...). Das Atem-Angebot Gottes will immer neu wahrgenommen sein – aber Gott bietet es auch immer neu an, täglich, nicht nur am Pfingstfest. Er wird nicht müde darin, ihm geht die Luft nicht aus, wenn es darum geht, uns zu ermutigen, zu begeistern.

Bei meinem Atemtrainer muss ich ein Bällchen in der Schwebe halten – für Gottes Training muss ich nur das Herz auftun und Lebendigkeit wagen. Das Bällchen ist orange, Gottes Lebendigkeit tausendfarbig und kunterbunt.

Mein Gott, ich schließe meine Augen und höre auf meinen Atem. Ich atme tief ein und lange aus – und spüre: Du bist in mir, ruhig, du hältst mich im Leben, ich kann mich lassen.

Gegen das Vergessen

Morgen wird Erntedank gefeiert! Aber ... um ganz ehrlich zu sein: Ich weiß gerade nicht, wofür ich dankbar sein soll. Für Hurrikans in der Karibik? Fällt mir schwer. Für Erdbeben in Mexiko, Überschwemmungen in Nepal? Hätte niemand gebraucht. Für Flucht und Verfolgung der Rohingyas in Myanmar? Pure Menschenverachtung. Für zwei durchgeknallte Staatslenker mit Atomwaffenarsenal? Ich verzichte. Für die Rechten im Deutschen Bundestag? Ich habe nicht darum gebeten (und gebetet schon gar nicht, im Gegenteil).

Wofür dankbar sein? Es ist ein Dilemma: Mir fällt nichts ein, für das ich danken will – aber ich kann ja den Feiertag schlecht ignorieren: Morgen soll gefeiert und gepredigt sein! Zumal die Bibel mahnt: »Lobe den Herrn, meine Seele, und vergiss nicht, was er dir Gutes getan hat.« Das ist ein Appell: »Schau mal hin, entdecke, was Gutes geschieht, trotz allem.« Ist schon recht, hilft auch.

Aber heute hör ich mal auf den zweiten Teil des biblischen Ratschlags: »Vergiss nicht!« Das ist sehr herausfordernd. Das ist eine Mahnung gegen die Vergesslichkeit: gegen die Geschichtsvergessenheit derer, die sich rechts ansiedeln; gegen die Gleichgültigkeit einer Wirtschaft, die moralische Maßstäbe vergisst und die die abgehängten Armen, die entmutigten Kinder und Alten nicht im Blick hat; gegen die Vergesslichkeit von Hinz und Kunz (und ab und an von Ihnen und mir), die aus den Augen verliert, dass mit Eigensinn kein Staat zu machen ist und keine Beziehung überlebt.

Vergiss nicht! »Schau mal hin!« rät Gott (wie beim Dankbar-Sein). »Schau und spür, welche Verantwortung du hast, wo du gebraucht wirst, wofür du eintreten sollst!« Gegen menschenverachtende Ideologien, für die, die abgewertet werden, damit – wie es so schön heißt – keine und keiner verloren geht. Aber das ist kein wohlfeiler Satz, da geht es um konkrete Zuwendung, um wirkliche Aufmerksamkeit, um echte Handreichung und Herzenswärme. Gerade denen gegenüber, die sich schon längst verloren fühlen.

Vergiss nicht! Gott vergisst uns auch nicht – das macht uns frei für achtsame Gegenwärtigkeit und fantasievolle Zukunftsentwürfe. Da tun sich neue Gründe zur Dankbarkeit auf, da bin ich sicher. So dass auch die, denen gerade nichts einfällt, bald etwas zu danken haben. An Erntedank zum Beispiel.

Öffne mir die Augen, Gott, für das, was dankenswert ist – auch dafür, dass es Dankenswertes gibt neben allem, das ich beklage. Dann wächst mir Mut zu.

Aber dalli!

Wem Gott will rechte Gunst erweisen, den schickt er ...
auf die Bahn (die Deutsche, die Bundes-Bahn). Da gibt
es viel zu erleben (35 Grad im Schatten, Ausfall der
Klimaanlage in Wagen 9 – in dem ich sitze), da lerne
ich Geduld (»Leider erreichen wir die nachfolgenden
Verbindungen nicht mehr!«), da höre ich fremde Spra-
chen (»Sank ju for tschusing Deutsche Bahn; heff ä
plässent tschörnie«) und erlebe Überraschungen
(»Bitte beachten Sie die geänderte Wagenreihung!«) –
und da mache ich Entdeckungen für's Leben. So geschehen, vor einigen Wochen (in Wagen 9!) auf dem
Weg nach nirgendwo (Sie wissen ja: »Es fährt ein Zug
nach Nirgendwo ...«). Ich sitze gerne im Großraumwagen (Ich liebe es einfach, in der Ruhezone die lauten
Telefonate der Mitfahrerin am anderen Ende des Wa-
gens mitzuhören), Gangseite. Schräg gegenüber sitzt
am Vierertisch eine freundliche Mutter mit ihrem
fünf- oder sechsjährigen Knaben, der nach dreiein-
halb Stunden Uno-Spiel, Lesestunde und Drei-Frage-
zeichen-Hörbuch vielleicht die Faxen dicke, auf jeden
Fall aber Hunger hat. »Huuuunger!«, quengelt er in
gekonnt-wirkungsvollem Tonfall, und Mama reagiert
sofort, kramt Doppelkeks und Apfelschnitz hervor,
erinnert sich aber plötzlich ihrer pädagogischen Sendung und fragt, nicht ohne mahnenden Alt in der
Stimme: »Und – wie sagt man?« Darauf der Kleine
sofort und wie eingeübt: »Aber dalli!«.

Na, woher er das wohl hat?

Es muss freilich nicht an der Kinderstube liegen,

vielleicht gibt er nur wieder, was doch recht eigentlich gesellschaftliches Gemeingut ist. So leben wir: So, als stünde uns (vielen von uns jedenfalls) alles zu Recht und sogleich zur Verfügung: die Trauben und Tomaten im Winter, das preisgünstige Nackensteak jederzeit, die eintausendeinhundertdreiundvierzig (stimmt wirklich!) Brotsorten und das saubere Wasser ohne Frage. Und immer genau dann, wenn wir es gerade brauchen oder wollen.

Da kommt so ein Erntedankfest doch recht fremd daher, finden Sie nicht? Müsste doch heute »Erntedalli-Fest« heißen, weil es ja meistens klappt, weil ich nur den Wasserhahn aufdrehen, in den Supermarkt gehen oder an die Tanke fahren muss, um zu bekommen, was das Herz »aber dalli« begehrt. Erntedank – ach ja, noch so ein Kirchenfest, das kein Mensch braucht. Naja, die Satten vielleicht nicht, die Hungernden, die Armen und eine Schöpfung, für die der Zug bald abgefahren ist, wohl schon.

Denn Erntedank lädt nicht nur zum Händeklatschen, zum »Ei, geht's uns nicht gut?«-Jubel ein, es erinnert auch. Erinnert daran, dass am Ende nichts von dem, was uns freut und nährt und am Leben hält, was den Hunger stillt und Mut macht, was glänzt und schön ist – dass nichts von dem selbstverständlich ist. Erntedank sagt: Was ihr habt und braucht und wollt, das ist nicht einfach da, das kommt von irgendwo her! »Alle gute Gabe kommt her von Gott dem Herrn!«, heißt es im bekanntesten aller Erntedanklieder (Nummer 508 im Evangelischen Gesangbuch, von Matthias Claudius) – das der kleine Quengler von neulich in Wagen 9 vermutlich nicht mehr zu singen weiß; aber was er weiß, ist doch, dass Doppelkeks und Apfelschnitz **119** durch die Hände seiner Mutter gingen, bevor er sich heißhungrig darüber hermachen konnte.

Es ist eine ganz elementare Erfahrung: Ich verdanke mich! Was mich im Leben und am Leben hält, das geht durch viele Hände, das hat einen Ursprung, das ist mir voraus. »Des Himmels Hand«, meint das fromme Liedlein, ist es, woher alles Nötige und alles Bereichernde kommt – und ich … komme auch daher, denn ich bin Geschöpf inmitten der Schöpfung, Gottesmensch im Gottesgarten.

Genau besehen ist der Erntedanktag darum ein Gedenktag: Ich bin eingedenk, dass sich alle Welt verdankt, und ich bin ein Teil davon. Nichts ist selbstverständlich, auch ich bin es nicht, was doch – das will fein gehört sein – bedeutet, dass ich auch nicht überflüssig bin, sondern wertvoll. Wie die Schöpfung um mich her – eine Erkenntnis, die mich eher bescheiden macht, weniger fordernd.

Da hätte ich zum Danken doch allen Grund, oder? Und – wie sagt der Mensch da? Na dann los: aber dalli!

Gott, hilf mir, die Augen aufzumachen und zu sehen, wieviel ich vielen, wieviel ich dir verdanke. Damit ich dankbar bin, natürlich, aber auch, damit ich eine Ahnung davon bekomme, wieviel ich dir wert sein muss. Das ist erstaunlich!

Corona – und andere Zeiten

Ist das jetzt eine neue Zeitrechnung? Werden meine Urenkel selbstverständlich mit dem Kopfe nicken und wissen, worum es sich dreht, wenn einer sich mit Nostalgie in der Stimme erinnert? Wird daraus eine neue Jahreszeit, eine Epoche, eine Zeitansage? So dass es dann nicht mehr heißt: »Im Jahre 2020 nach Christus bemaß sich der Idealabstand zwischen zwei Menschen auf anderthalb Meter«, sondern (z.B.): »Im Jahre 5 nach Corona – legte Angela Merkel den Mundschutz an, im Jahre 19 nach Corona – wurde Donald Trump Botschafter von Nordkorea, und 25 n.C. (nicht: »nach Christus«, sondern ... na, Sie wissen schon) holte sich Thomas Weiß das Gelbe Trikot (im Souvenirshop auf den Champs-Élysées zu Paris)«. »Zu Corona-Zeiten« – diese Wendung ist innerhalb weniger Wochen zum Gemeingut geworden, und jede und jeder scheint zu wissen, was gemeint ist: eine etwas schaurige Zeit der Verunsicherung, da man seine Mitmenschen nur noch an den Augen erkennen kann und alle innerlich und äußerlich im Quarantänemodus leben. Bloß nicht anstecken, bloß nicht erwischen lassen, vom Virus nicht und nicht von den Abstand-Mundschutz-Sittenwächtern. »Zu Corona-Zeiten« tritt manches, das wichtig schien, in den Hintergrund: Klimawandel, Demokratieverdruss, Frieden in Nahost. Und das Naheliegende wird wieder groß: Geh ich gefahrlos ins Schwimmbad? Wieviel Platz braucht es beim Italiener zwischen meinem Espresso und der Pasta auf dem Nachbartisch? Bin ich bei der neuesten Mundschutzmode en vogue? **121**

»Zu Corona-Zeiten« – dieser Ausdruck bereitet mir großen Verdruss, ich wehre mich dagegen, aus zwei Gründen.

Zuerst: Auch Corona-Zeiten bleiben Zeiten, die unsere Aufmerksamkeit für die großen Fragen brauchen: Wie werben wir für unsere Demokratie, wie sind und werden wir verantwortliche Bürgerinnen und Bürger? Was muss jetzt geschehen – jetzt, nicht irgendwann, nach der Corona-Zeit –, damit der Planet, und was drauf blüht und gedeiht, überlebt? Treten wir laut und machtvoll genug auf, gegen Menschenhass und Entwürdigung? Die Pandemie darf nicht unsere Entschuldigung sein, wenn wir das Nötige versäumen.

Und: Ich will mir das gute, alte Wort Corona nicht madig machen lassen. Die Corona, das ist im Wortsinn die «Krone«, oder in der kirchlichen Tradition der »Heiligenschein«. Gott, der das Licht schuf am ersten Schöpfungstag, im Strahlenglanz; Jesus, der hellwache, strahlend Lebendige, der Auferstandene; die Heiligen in der katholischen oder orthodoxen Glaubenswelt – sie gehören zu Gott und sind mit einer Corona umleuchtet. Das sind die eigentlichen Corona-Zeiten – die, da Gott sein Licht aufstrahlen lässt, da er uns Anteil gibt an seiner glänzenden Lebendigkeit.

Ich halte daran fest, in diesen Corona-Zeiten, denn da leuchtet etwas auf von Hoffnung, Gottesnähe, Zukunft, Lebensmut und -lust. Es steht noch Zukunft an, was verletzt wurde, kann geheilt werden, das Dunkle und Furchterregende wird verwehen und vergehen. Davon handelt Gottes Corona-Version, das entsteht und wächst in Gottes Corona-Zeit. Darum bleib ich bei der Zeitansage gern bei »nach Christus«, denn in Christus sehe ich, wie gut es der menschliche Gott macht und meint. Er hat am Ende nur eine Dornen-Corona, geformt aus dem, was uns das Leben gefährlich, unglücklich oder lieblos und mühsam macht. Nur eine Dornenkrone, aber die steht dafür, dass Gott um alles Menschliche weiß, auch um das Kranke, Verletzte und Gebrochene. Auch um mich und dich und alle, die in Corona-Zeiten Hilfe brauchen.

Alle Zeit, mein Gott, ist Zeit mit dir, Zeit, in die du
dich hineinwebst. Darum muss ich mich nicht fürchten,
in schweren Zeiten nicht und nicht in leichten.
Zu jeder Zeit bist du der Gott, der mich begleitet
und der Perspektiven, Zukunft für mich hat.

... und was Süßes.
Dinge und Gedanken

Die kleinen Köstlichkeiten

Dieser Tage war ich mal im Schwäbischen (auch der bodenständige Badener wagt sich ja mal ins Abenteuerland, in die Fremde) – ein kleiner Ausflug nach Spaichingen (da wohnt der Teufel … also: Teufels Erwin) auf den Dreifaltigkeitsberg (bisschen fromm soll es ja schon sein, wenn der Pfarrer ausfliegt). Und dort hatte ich, ganz überraschend, Sie werden's nicht glauben: sechs Richtige!

Nein: nicht im Lotto. So heißt eine der »Salatvariationen« in der Gaststätte auf dem Berg: Schnitzel in der Mitte, sechs frische Salate drum herum (nebenbei: Sie sehen, dass ich im Verhältnis sechs zu eins Vegetarier bin!). War (fast ganz) gesund und hat hervorragend gemundet … und ich hätte es schon wegen des Namens gegessen. Denn sechs Richtige hatte ich noch nie.

Klar, dafür müsste ich auch Lotto spielen, was ich nicht tu. Der Lottofee mit ihrer vagen Verheißung: »Mit einem bisschen Glück gehören Sie heute zu den Gewinnern!«, trau ich schon lange nicht mehr! Nun, wenn denn die hohen und höchsten Gewinne ausbleiben, gebe ich mich eben zufrieden mit den kleinen Freuden: Gaumenfreuden, Wanderfreuden (und geregnet hat es auch nicht!).

Die kleinen Köstlichkeiten des Alltags wahrzunehmen, dazu rät die Bibel ja auch: Die Lilien auf dem Feld sind beachtlich, die Vögel unter dem Himmel lustig, und einen Menschen, »der isst und trinkt und hat guten Mut bei all seinen Mühen«, den lobt der Prediger Salomo ganz ausdrücklich. Es muss ja wohl gar nicht das ganz Große und Glänzende sein, damit das Leben sich lohne und seinen Wert hat. Bedeutsamer ist es, die Tiefe des Lebens zu erspüren, die Augen aufzutun für das, was mir Tag um Tag an Schönheit und Erstaunlichem begegnet. Den Reichtum, der mich zufrieden sein lässt, der liegt nicht erst in irgendeiner nahen oder allzu fernen Zukunft und den erreiche ich nicht durch »Lotto, Toto, Rennquintett« – der liegt genau vor mir: dieser Tage als »Sechs Richtige« auf dem Herbergsteller, heute im Lächeln meine Frau, morgen im Lachen meiner Kinder, in guten Worten, hilfreichen Händen, mutigen Entscheidungen, einem Sonnenstrahl am Abend ...

Lottomillionär werde ich in diesem Leben nicht mehr werden – Augenblicksmillionär bin ich schon längst!

Ja, mein Gott, ich weiß sie zu schätzen: deine kleinen Handreichungen, deine leisen Geschenke. Ich danke dir dafür und will sie feiern.

Auf Augenhöhe

Da gibt es diesen altväterlichen Spruch, der sich mir lange nicht erschlossen hat, oder – um ehrlich zu sein – der mich schlicht genervt hat, wenn mein alter Vater ihn in den Mund nahm: »Nun mach mal halblang!« Das hieß dann (meist ungnädig): »Nun mach mal nicht so einen Wind, brems dich mal ein, etwas unaufgeregter, wenn's beliebt!« Es beliebte aber nicht, und gerade das, was mich aufregte und was nicht bloß ein Wind, sondern rechtes Sturmgebraus war, musste raus und musste Lösungen finden, jetzt und hier. Und ich habe es sowieso nie verstanden. »Halblang« – was sollte das denn bedeuten? Ist »halblang« das Gegenteil von »doppelkurz«?

Da der Mensch aber älter und irgendwie bedächtiger wird, die Unleidigkeiten der Väter auch freundlicher ansieht, denke ich über »halblang« ein wenig nach – und gewinne dem Wörtlein mancherlei ab. Dass Gott keine halben Sachen macht, sei nur mal vorausgeschickt, »halblang«, »halbgut«, »halbliebevoll« lässt er's nicht zugehen, das ist klar. Er ist ja auf Golgatha auch nicht nur »halbtot« liegen geblieben (sondern ganz und gar und menschlich gestorben) und ist im Ostergarten auch nicht nur »halblebendig« wieder aus dem Grab auferstanden (vielmehr »quicklebendig«)!

Aber mich erinnert das Wort an ein Gedicht von Eduard Mörike, das ich seiner Frechheit wegen gerne mag. Es ist eines der bekannten des verhinderten, schwäbischen Pastors, das »Gebet«: »Herr, schicke, was du willst, / Ein Liebes oder Leides; / Ich bin vergnügt, dass beides /

Aus deinen Händen quillt. // Wollest mit Freuden / und wollest mit Leiden / Mich nicht überschütten! / Doch in der Mitten / Liegt holdes Bescheiden.«

Das Gebet lässt sich biedermeierlich-fromm, auf Harmonie bedacht lesen: »in der Mitten – Bescheiden«. Aber auch anders, und ich glaube, so hat Mörike es sich, mit pastoralem Schalk im Nacken und verhalten frech, auch gedacht. Ich übersetze: »Also gut, Gott – manchmal leide ich, manchmal bin ich glücklich; ist in Ordnung so! Aber, weißt du: Du brauchst mich weder mit Leid noch mit Lust zu überschütten – du könntest dich auch bescheiden, du musst es nicht übertreiben, von jedem etwas, das ist schon recht.« Verstehe ich es richtig, dann sagt da einer zu Gott: »Nun mach mal halblang!«

Aber: Darf der das? Ich glaube, Mörike spricht das den Psalmen nach, in denen einer schreit: »Mein Gott, mein Gott, warum hast du mich verlassen? Ich schreie, aber meine Hilfe ist ferne!«, und ein anderer fordert: »Gott, vergiss die Elenden nicht … Die Armen befehlen es dir!« Das ist eine Frömmigkeit auf Augenhöhe, die von Gott etwas erwartet: »Mach mal halblang, kümmere dich, jetzt und hier! Es reicht, zögere nicht!«

Anders als »auf Augenhöhe« kann ich mir meine Gottesliebe, meine Gottessehnsucht nicht mehr vorstellen. »Nun mach aber halblang!«, so mag mancher Kritiker denken. In Ordnung, mach ich doch: Meine Wege zu Gott sind kurz, nur ein Gebet lang.

Mein Gott, ich klage deine Nähe ein, ich fordere deine Aufmerksamkeit – und du schenkst sie mir auch. So begegnen wir einander, als Partner und Freunde, die wir sind.

Früchtchen

Erdbeerjoghurt – nein, kannste vergessen. Den bekommen sie alle nicht hin, weder der nicht zu verachtende Anbieter beim Billigdiscounter noch der Edelverkäufer im Spezialitätensortiment. Kirsch geht, Aprikose ist in Ordnung, Maracuja-Marille-Macadamia-Mohn-Mascarpone-Mischung muss nicht sein, lässt sich aber ertragen. Doch Erdbeerjoghurt – der schmeckt einfach nicht, von keiner Marke, so bunt oder bieder sie sein mag.

Was daran liegt, dass sich das Vollkommene eben nicht vervollkommnen lässt, dass das Perfekte nicht perfektioniert werden kann. Und die Erdbeere ist schlicht: die vollkommene Frucht (behaupte ich!). Da bin ich mir sicher: Im Paradies, da reichte Eva dem Adam keinen Apfel, keine Pampelmuse oder Birne, keinen Granatapfel und keine Ananas, es muss eine Erdbeere gewesen sein, so eine vollmundige Lambada oder die dankbare Senga-Sengana (ich kenn mich da aus!). Und dass Adam da zugriff, das ist doch kein Wunder. Erdbeere, die vollkommene Frucht! Ich verkneife mir jetzt die Beschreibung der frischen Farbe, des unvergleichlichen Geschmacks – beißen Sie einfach selber rein.

Die pure Erdbeere – ah, perfetto! Davon bin ich überzeugt, das macht die Erfahrung; aber ... wovon ich nicht überzeugt bin, ist, dass ich vollkommen bin, dass wir, Christinnen und Christen, perfekt sind. Da stimmen Sie mir bestimmt zu. Aber, dumm gelaufen: Wir sollen es sein. »Seid vollkommen, wie euer himmlischer Vater vollkommen ist!«, sagt Jesus mal ganz lapidar in der Bergpredigt, als wär's nix.

Ist aber alles, denn »an ihren Früchten sollt ihr sie erkennen«, meint er da, auf dem Berg. Und das ist auch uns gesagt. Wie sehen unsere Früchte also aus, und was für Früchtchen sind wir selbst? Vollkommene? Oder eher noch unreife, grüne Kirschen am Baum, oder vertrocknete Äpfel, die im Herbst keiner mehr erntet, oder schimmlige Erdbeeren nach allzuviel Regen (da hilft der schönste Sortenname nichts)? Vollkommen, wir, oder vollkommen nutzlos?

Es kommt gewiss darauf an, was die Bibel, was Jesus unter »vollkommen« versteht.

Vollkommen wie der schöpferische Gott? Mit der Erde gehen wir gerade nicht so um! Perfekt wie der gerechte Gott? Im Großen und Ganzen und im Einzelnen lassen Moral und Gerechtigkeit wohl zu wünschen übrig! Uneingeschränkt aufmerksam wie der Allgegenwärtige? Ach, wenn ich nicht so müde wäre.

Ich glaube, wenn Jesus von Vollkommenheit spricht, dann ist Liebe im Spiel. Gott ist der vollkommen Liebende (»Gott ist die Liebe ...« [1. Johannes 4]) Aber, ähm, das krieg ich doch auch nicht hin?! Nein, aber vollkommen ist auch, wer sich vollkommen lieben lässt (»... und wer in der Liebe bleibt ...«) und Gottes Liebe zulässt in sich selbst (»... der bleibt in Gott und Gott in ihm!«).

So einfach ist das: zulassen! Es braucht nicht viel: die Hände auftun, das Herz aufschließen, sich in die Sonne stellen, den Wind ums Haar wehen lassen, die Wärme spüren. Solche Früchtchen sein, die wissen und die gelten lassen: Ich bin geliebt – und darum lerne ich, selbst zu lieben.

Die Erdbeere hat ihre Köstlichkeit auch nicht aus sich selbst, sie empfängt die Feuchte aus dem Grund, die Farbe vom Licht, den Geschmack von der Wärme. Vollkommenheit ist gegeben. Uns auch.

Mein Gott, füll mir die Hände, leuchte mir ins Angesicht, umhülle mich. Dann kann ich geben, dann strahle ich von dir, dann finden Menschen deine Wärme bei mir.

In aller Herrgottsfrüh

Wissen Sie, wann genau das ist: »in aller Herrgotts-früh«? Es kommt wohl darauf an, wen ich danach frage: Die Schwestern in der Abtei Lichtenthal in Baden-Baden, die meine Nachbarinnen sind und die Nacht um 5 Uhr herum beenden, haben von »aller Herrgottsfrüh« gewiss eine andere Vorstellung als mancher jüngere Zeitgenosse, für den die Frühe kurz nach der Mittagszeit beginnt. Mein Morgen beginnt da irgendwo dazwischen ...

Die Herrgottsfrühe ist eine gefühlte Zeitangabe, wobei eben das Gefühl immer ähnlich sein dürfte: Herrgottsfrüh ist eindeutig etwas zu früh, Herrgottsfrüh heißt aufstehen zu eigentlich ganz unchristlicher Zeit, und das Aufstehen fällt entsprechend schwer. Es gibt wohl auch Leute, die mit etwas Stolz in der Stimme feststellen, dass sie sich schon in aller Herrgottsfrühe erhoben haben und – weil der frühe Vogel halt den Wurm frisst – schon eine Menge auf die Reihe gebracht haben; aber – biblisch gesehen – ist es doch nicht empfehlenswert, dies und das zu erledigen, noch ehe der Hahn dreimal gekräht hat (Matthäus 26, 34) ...

Tatsächlich stammt die Redewendung wohl daher, dass, wer in aller Herrgottsfrüh etwas tat, das vor dem Läuten der Frühglocke zu Wege brachte (insofern sind die Schwestern der Abtei der Herrgottsfrüh besonders zeit-nah) – und Glocke und Redensart erinnern an den »Herrn der Zeiten«, der, wie es im Schöpfungsbericht heißt, die Lichter am Himmel schuf, damit es Tage, Wochen und Jahre gebe – eben die Zeit.

Deshalb müsste um die Herrgottsfrüh auch eigentlich gar nicht so viel Aufhebens gemacht werden, sie hat keiner Tages- und Nachtzeit etwas voraus. Mittags ist Herrgottsmittag, und nachmittags Herrgottsnachmittag, Herrgottsabend ist und Herrgottsmitternacht genauso. Alle Zeit ist Herrgottszeit.

Die uns eigene, die Lebenszeit, die auch! »Meine Zeit: in deinen Händen!«, weiß der 31. Psalm – und dann hatte ich eine Herrgottskindheit, eine Herrgottspubertät (wo's mir manchmal gottserbärmlich ging), dann habe ich mich in der Herrgottsadoleszenz wunderbar entfaltet und gewagt. Gerade erfreue mich meines Herrgotts-Best-Ages, ich werde ein Herrgottsalter haben und – dem Herrgott sei's gedankt – eine Herrgottstodesstunde auch.

Diese Vorstellung gibt mir allen Grund zur Gelassenheit! Auch wenn ich das beileibe nicht immer bin, gelassen; das kennen Sie ja: Wenn die Zeit mich hetzt oder viel zu langsam vergeht, dann ist's weniger göttliche als teuflische Zeit. Aber es bleibt dabei: »Meine Zeit: in Gottes Hand!« – sehr tröstlich ist das.

Und besonders gut: dass es bei aller Herrgottsfrüh und bei Herrgottsspät niemals ein »Herrgotts-zu-Spät!« gibt. Der Herr der Zeit hat immer Zeit für uns.

Heute leg ich meine Zeit in deine Hand, Gott, damit es unser Heute sei, in dem wir uns begegnen, in dem wir uns etwas besser kennenlernen, als wir uns gestern kannten, in dem wir miteinander in die Zukunft schauen, die – wie das Heute – uns gehört.

Bewegung

Sorry, für mich wäre das nix: Schlafsack, Isomatte, Minizelt. In Pandemie-Urlaubszeiten liegt das vielleicht näher, für mich wäre das nix. Mir schmerzte der Rücken, ich bekäme in der Nacht kein Auge zu, ich würde bestimmt frieren. Als ich studiert habe, war ich so unterwegs (Interrail!!), aber das ist hundertfünfundachtzig Jahre her, das machen die Knochen und macht's Gemüt heute nicht mehr mit. Auf Achse, »on the road again«, mit grad mal dem, was es unbedingt braucht, im Rucksack ... nee, nee, das lass mal die Jungen machen, für mich ist das nix (habe ich schon erwähnt, oder?).

Blöderweise ist genau diese Art zu reisen ein Sinnbild für's Christen-Menschen-Leben. Gott hat uns auf den Weg gesetzt, damit wir unterwegs sind, uns bewegen. Stillstand soll es nicht geben, das Leben ist ein Prozess. »Prozess« kommt vom lateinischen »procedere« und heißt: fortschreiten, weitergehen, vorwärtskommen. Das sind Worte voller Bewegung. Und der Gott, mit dem wir es zu tun haben, ist ein bewegter Gott: Er geht mit Israel durch die Wüste, wohnt im Zelt und lässt sein Volk auch »an den Wassern von Babylon«, im Exil weit fort in der Fremde, nicht im Stich. An Jesus ist das abzulesen: Der bewegte Gott ist auf unseren Wegen zuhause.

So anstrengend das wohl klingt, so tröstlich ist es auch: Gott, auf den Straßen, die wir zu gehen haben – dann kennt er das, wenn mir der Rücken schmerzt, weil ich hart liege, nachdem ich gestolpert und gefallen bin. Dann weiß er um die Angst, die mir nachts den

Schlaf raubt; und dann ist ihm die Kälte nicht fremd, die mich reglos macht und zittern lässt – diese Kälte der Menschenherzen, die Kälte dunkler Nächte. Daran, dass unser Leben ein Weg ist, über Stock und Stein, steil bergan manchmal und manchmal durch finstere Täler, heimatlos bisweilen und unbehaust, daran lässt sich nichts ändern. Aber alles ist anders, wenn wir auf dem Weg nicht allein sind. Und das sind wir nicht, auf keiner Durststrecke, keinem Holzweg, an keiner Wegkreuzung ohne Überblick. Ob auf Wallfahrt, Nachtfahrt oder Irrfahrt, ob wir kräftig ausgreifen oder nur schleichen können, so weit die Füße tragen – Gott ist dabei.

Als das Weg-Gebet schlechthin gilt der 23. Psalm: »Und ob ich schon wandere im finstern Tal, fürchte ich kein Unglück, denn du bist bei mir.« Mir gefällt dieses trotzige »und ob«. Es klingt nach einem starken »und wenn schon« voller Vertrauen. Ich habe mich verlaufen – und wenn schon. Ich bin müde geworden, die Beine tragen kaum noch – na, und wenn schon. Ich gehe auf gut Glück, ich bin mir des Weges nicht sicher – und wenn schon. Und wenn schon, Gott ist ja dabei. Dieser Trotz, dieser Lebensmut geht mir nicht immer leicht von den Lippen. Aber danach fragt Gott auch nicht, er ist einfach da, als Weggefährte, als Begleiter, an meiner Seite der Freund.

Mich bringt das zwar auch nicht mehr auf Isomatten und ins Zelt – aber im Leben weiter bringt es mich schon.

Weißt du, ich wage es trotzdem – ich sehe dich nicht, aber glaube dich an meiner Seite; ich höre dich nicht, aber vertraue den Worten, die du gesprochen hast; ich spüre dich nicht, aber ich rechne damit, dass ich nicht allein bin. **135**

Ein kleines Lied

Intercity 77 von Hamburg nach Zürich – schon 23 Minuten Verspätung und die Stimmung droht zu kippen. Im Großraumwagen (Ruhezone!) wird heftig telefoniert: »Ich weiß nicht, ob die Anschlussverbindung klappt!«; »Oh nee, schieb den Kuchen mal noch nicht in die Röhre!«; »Sapperlot, ich hab doch gleich gesagt: Ich fahr lieber Fernbus!«. Nur zwei jugendliche Japaner (glaub ich jedenfalls) dösen vor sich hin, ganz ermüdet von ihrem Europa-in-fünf-Tagen-Trip. Sonst machen alle böse Miene zum ärgerlichen Spiel ...

Doch da kommt sie herein: Die Automatiktür witscht auf, von ihrem Schiebewagen klirrt's ein bisschen, rasch und routiniert schaut sie in die Runde und hebt an: »Kaffee, Tee, ein Mineral, eine Cola – oder ein kleiner süßer Snack?« Aber sie sagt es nicht, sie ruft es nicht, sie preist nichts marktschreierisch an ... sie singt. Die junge Dame im blauen DB-Outfit singt!

Und schon sieht die Großraumwagen-Welt ganz anders aus. Ein Strahlen geht durch die Reihen. Und ich bin einer der Ersten, der ordert, weil ich auf Kaffee und Gesang immer anzusprechen bin ...

Fromm und spontan fallen mir zwei Psalmverse ein. Aus dem 104. das schöne, alte Tischgebet: »Aller Augen warten auf dich, Herr, dass du ihnen Speise gibst zu ihrer Zeit!« Sinnenfälliger kann es kaum sein, nur ist der Herr eben die junge Frau vom Catering, mit ihrer milden Hand, die nicht nur den Kaffeebecher reicht (»Milch, Zucker?« – ebenfalls ein Singsang), sondern auch das Trinkgeld dankbar entgegennimmt.

Und einer meiner Lieblingsverse ging mir durch den Kopf und ins Herz: »Lobet den Herrn auf Erden!« Der 148. Psalm, in dem dieser Vers angestimmt wird, erzählt vom Gesang, den die ganze Schöpfung zu singen anhebt, der »alles, was Odem hat«, durchdringt, zum Lobe Gottes.

Naja, so viel Grund zum Loben haben wir doch gerade nicht, oder? Im aufgewühlten Großraumwagen bei Verspätung nicht, im Jemen, in Myanmar, in Syrien nicht, und wo die Gletscher schmelzen und die Erde bebt auch nicht. Und doch (behauptet die Bibel) in alle dem, mitten drin und gerade wenn's am dicksten kommt, ist Gott da. Und wer lauscht und Acht hat, entdeckt es auch. Mal mit dem duftenden Kaffee im Papp-Becher, mal durch eine leise Melodie, die berührt, oder einen kräftigen Trost, der weiterleben hilft.

Und am Ende kommt der Mensch (bahnreisend oder durch's Leben wandelnd) doch ans Ziel, bereichert mit einem kleinen Lied!

Mein Gott, weck das Lied auf in mir, das du in deine Schöpfung gelegt hast, lass es mein Herz erfüllen und lass es mir über die Lippen gehen, mit einem Lächeln!

Ganz frisch und neu

Wo lernt der Mensch am meisten über das Leben und was es trägt und bereichert? Klar: an Supermarktkassen! Da ich immer die erwische, an denen ich am längsten warten muss (auch wenn die Schlange viel kürzer scheint und der Einkaufswagen vor mir nur zur Hälfte gefüllt ist – irgendein Missgeschick passiert immer: Die Papierrolle muss getauscht werden, die Mehltüte hat einen Riss, die Trauben sind mal wieder nicht gewogen worden ...) – da ich also immer Geduld brauche, schaue ich mich aufmerksam um und höre ich genau hin.

Dieser Tage war ich sehr verblüfft. Da fragt mich doch, als ich (endlich) an der Reihe bin und mitten im Bezahlvorgang (und beim Zahlen muss ich mich eigentlich immer sehr konzentrieren) die freundliche Dame an der Kasse: »Sammeln Sie Punkte?« Zuerst war ich ein wenig beschämt und fühlte mich ertappt, denn: Tatsächlich kommt das vor, dass ich bei Leuten Punkte sammeln will, dass ich nach Komplimenten fische und gerne nett und gut und aufgeräumt wirken möchte. Dabei erwischt zu werden, das ist schon etwas peinlich ...

Aber sie hat wohl gemerkt, dass ich etwas verwirrt dastand, und darum hat sie ihre Frage präzisiert: »Treuepunkte. Sammeln Sie Treuepunkte?« Schließlich hab ich's dann doch begriffen: Treuepunkte, das ist dieser Versuch, mich als Kunde zu binden, diese milde Schummelei, die die Rabatte von früher ersetzt. Da musste ich dann leider verneinen: »Nein, Treuepunkte sammle ich nicht.«

Ich nicht, aber ich glaube: Gott schon. Denn der bindet sich an uns. Der lässt uns einfach nicht los, lässt uns nicht fallen, der steht zu uns – und das kostet nicht mal was, da muss ich nicht mal eine Vorleistung erbringen (an der Kasse oder an sonst einem Zahltag): Gott ist treu! »Gottes Wege sind lauter Güte und Treue«, heißt es einmal im 25. Psalm.

»Treue« ist ein schönes Wort (auch wenn's etwas altbacken daherkommt) – es ist ganz eng verwandt mit »Vertrauen« und »Traulichkeit«. Gott ist mir traulich nahe – darauf kann ich mich verlassen! Hätte ich Treuepunkte zu vergeben, sein Sammelheft wäre in Null-Komma-Nix voll, weil's für Gott da kein Vertun gibt: Er ist treu! »All Morgen ist ganz frisch und neu, des Herren Gnad und große Treu«, singt Jochen Klepper in einem Morgenlied im Evangelischen Gesangbuch. Tolle Aussicht: alle Morgen, frisch und neu – wie die Brötchen beim Bäcker, wie das leckere Obst in der Gemüseabteilung, wie die feine Auslage in der Käsetheke.

Echt: Da punktet Gott ganz mächtig!

Mein Gott, ich danke dir für deine Treue, mit der du zu mir stehst, egal, wie ich mich verhalte und befinde. Deine Treue ist unverbrüchlich und ohne Bedingung. Das bewegt und beglückt mich zutiefst!

Ja und?

Das wollte ich schon lange mal machen! Nun hatte ich mal etwas Muße und hab mich endlich aufgerafft. Ich habe meine Bücher gezählt, nicht alle, nur die im großen Regal im Wohnzimmer, alle Romane, Lyrik, Bildbände (Fachbücher für Mathematik, Physik und Chemie fehlen überraschenderweise, hab ich wohl nie eins gekauft). Ich habe sie alle gezählt, ohne die Asterixsammlung und noch manch anderen Comic-Schatz: Es sind 1.721 an der Zahl. Doch so viele, ich war ein bisschen erstaunt; und mit Fug und Recht kann ich sagen, dass ich die allermeisten davon auch gelesen habe, manche aufgeregt und mit heißen Ohren, manche eher en passant. 1.721 – so mancher Bildungsbeflissene wird mit viel, viel mehr aufwarten können (meine Arbeitszimmerbibliothek habe ich aber weggelassen – müsste ich vielleicht auch mal zählen) – aber ich finde das viel.

Ja und?

Nach vollzogener Zählung stand ich vor den Reihen und dachte: Ja und? Nicht, weil so eine Büchervolkszählung durchaus etwas Verschrobenes hat; nicht, weil die Bücher ja nicht besser oder schlechter werden, wenn ich weiß, wie viele es sind; und nicht, weil mein zufriedener Blick auf den Bücherreichtum vielleicht doch auch von gelinder Eitelkeit zeugt. Nein. Ja und? Ich habe mich gefragt: Was von alledem, von der Reclam-Ausgabe der Gedichte Hölderlins bis zum überdicken Kunstband zu van Gogh, was von alledem ist eigentlich wirklich hilfreich? Also gut, eine Bibel ist auch unter der Büchermasse, da will ich mal nichts sagen, aber sonst? Was gibt mir Halt in der gesundheitlichen Krise; was macht mir Mut für eine Welt, die aus den Fugen gerät; was lässt mich stille werden, wenn der Lärm überhandnimmt?

Nichts aus der Fülle an Literatur, oder kaum etwas: vielleicht ein Gedicht von Bertolt Brecht oder Hilde Domin, vielleicht ein paar Zeilen von Thomas Mann oder ein Scherz von Johann Peter Hebel.

Ja und, was hilft? Also: verschwindend wenig, oder: Das alles! Sie alle zusammen, denn diese Fülle steht dafür, dass es Schönheit gibt, Weisheit, treffliche Worte.

Ich habe mich entschieden, meine Bücherwelt so anzusehen. Dass sie in der Krise hält, in der Entmutigung trägt, ruhig macht, inmitten des Lärms, dass es Schönes, Großes, Weises, Liebevolles durchaus gibt – ob nun in Büchern, Gesprächen, in der Musik, im Film, im Tanz, in Gemälden oder Skulpturen.

Und nehme ich mal eines meiner Bücher, das einschlägige, die Bibel zur Hand, dann lese ich genau davon: »Es ist noch eine Ruhe vorhanden dem Volke Gottes«, heißt es einmal im Hebräerbrief, und immer wieder weist sie darauf hin, dass sich der Glanz Gottes durch die Schöpfung zieht, dass sich die Schönheit Gottes in den Gesichtern der Menschen spiegelt, wenn sie lieben.

Ja und? Eben: Es gibt dieses »Und«, Leben ist mehr, als es manchmal scheint. Leben hat einen Mehrwert, jenseits dessen, was ich sehen und zählen kann; die Schöpfung ist nicht nur einfach bedrohte Natur. Menschen sind ihren Krisengeschichten nicht einfach ausgeliefert. Klimawandel, Lüge und Gewalt haben nicht einfach das letzte Wort.

Es gibt ein »Und« – und Gott steht dafür ein.

Davon lese ich in meinen 1.721 Büchern im Wohnzimmerregal (und in dem einen, dem einschlägigen, vor allem), andere hören es in ihrer Musik, erfahren es in der Begegnung mit Freundinnen, erwandern sich's bei der Schwarzwaldtour, schauen es im Kunstmuseum oder stricken es in die hübsch-bunten Ringelsocken – gleichviel. Nur gelten lassen sollen wir's – das hilft leben!

Danke, mein Gott, für dieses »Und«, diese Tatsache,
dass da immer mehr ist, als ich sehe, spüre, verstehe.
Und fühle ich mich ganz allein, dann bin da ich –
und du!

Süßigkeiten

Doch, diese uralten Himbeerbonbons, die es heute nur noch auf Jahrmärkten oder in Spezialgeschäften gibt, die haben mir's immer noch angetan. Und das echte, englische Weingummi (die dunklen Sorten, Johannisbeere und so), und ganz bestimmt: Karamellbonbons – diese Plombenkiller –, Schokolade – zartbitter, zartschmelzend –, Linzertorte, Apfelkuchen, Vanillepudding, Rote Grütze ... Ach, ich liebe sie: Süßigkeiten.

Ich bin ein Schleckermaul – jetzt, im gesetzten Alter, natürlich nur genießend in kleinen Dosen, ein »gourmet des sucreries«.

Mit allzeit schlechtem Gewissen, denn meine Großmama (Gott hat sie selig!) steht seit Kindertagen hinter mir, mit erhobenem Zeigefinger und streng gezogener Stirn: »Allzu viel ist ungesund!« Das verdirbt mir ab und an die Freude (und all die Gesundheitsapostel und Diätberaterinnen stoßen ja in dasselbe Horn).

Freude – habe ich an Gott auch, sinnliche Freude, die mir durchs Herz lacht, die die Beine stärkt und mich die Hände genüsslich reiben lässt, die im Munde zergeht wie ein Löffel Honig oder ein Waldmeisterdrops. Ist da – vorsichtig gefragt – auch allzu viel ungesund? Der Verdacht ist nicht von der Hand zu weisen, wenn ich mir die bisweilen überbordende Frömmigkeit mancher Geistbewegten ansehe, die mit den bitter-sauren Realitäten nicht viel zu tun hat, sondern allzu süßen Kleister darübergießt (was dem vom Leben Verbitterten und Übersäuerten dann nicht hilft). **143**

Aber heute will ich nicht der Trockenbrot-Theologenvernunft und nicht der Sauertöpfigkeit der Bibelbesserwisser das Wort reden, ich bleib beim Süßen, das auch üppig sein darf. Mit Verlaub und mit Erlaubnis vom lieben Cyriacus Schneegaß (der hieß wirklich so: * 1546 in Bufleben, † 1597 in Friedrichroda, dt. evang. Pfarrer und Kirchenlieddichter), der das Trostlied dichtete: »In dir ist Freude in allem Leide, o du süßer Jesus Christ ... an dir wir kleben, im Tod und Leben; nichts kann uns scheiden. Hallelujah«.

Merken Sie's, schmecken Sie's, wie es da unverhohlen süß und zuckrig zugeht? Am »süßen Jesus« »kleben« wir – wie Honig klebt auf der Hand, wie das Karamellbonbon haftet am Zahn – und das zum Trost, wie ein Stück Schokolade. So wie ein guter Trost, wie ein süßer Kuss schmeckt. Das weiß ich, das habe ich – eben sinnlich – erlebt, gerade in tiefster Trauer, in echter Seelennot: Nichts kann mich scheiden von seiner Liebe!

Das lass ich mir gesagt sein, und davon koste ich gerne, vom »süßen Jesus«, von dem es gar kein »Allzu viel« gibt, vom dem ich gar nicht genug haben kann. Und das schadet kein bisschen, weißte, Oma!

Mein Gott, ich lass mir deinen Trost auf der Zunge zergehen; ich lass mir wohl schmecken, was du an Süßem und Gutem für mich hast, deine ganze, reiche Liebe. Ich kann nicht genug bekommen von dir.

Fehlerhaft

Das lesen Sie sich jetzt mal aufmerksam durch!

»Wiesen Sie, ich hab das ja gud: Ich mach nehmlich keine Feler. Andere machen fiele, fiele Feler – aber ich nicht. Gut, manchmal schwechle ich ein bisschen bei den Komaregeln, überhaupt die Zeichensätzung: Das ist schon ein bisschen schwär. Aber dass sind Nebensachen, dass ist nicht so wichtik. Da hab ich Glügg, oder?«

In der Bibel, da wissen sie auch was von Fehlern! Beim strengen Jakobus zum Beispiel heißt es: »Wir fehlen alle!« Das ist das alte Lutherdeutsch, auch nicht so gewohnt – aber irgendwie stimmt es wohl. Wobei »fehlen« nicht heißt, dass wie halt fort und nicht da sind, sondern, dass wir etwas und uns selbst ver-fehlen. Dass wir ellenweit oder haarscharf an dem vorbei leben, was wir sind oder sein sollen. Das kommt wohl vor, oder? Das spüren wir manchmal ganz gut, dass wir fehlen, wo wir gebraucht werden, dass uns etwas fehlt, um uns ganz und richtig zu fühlen. Und was fehlt?

Im 19. Psalm steht: »Wer kann merken, wie oft er fehlet?« (Das ist nun ganz eindeutig so ein uraltes Deutsch, gell?). Na, ich kann's merken und Sie vielleicht auch. Wir sind eben fehlerhaft – und die Fehler haften an uns wie die Kletten. Ja, was machen wir denn jetzt? Wir möchten ja schon gerne fehlerlos sein, zur rechten Zeit unseren Mann und unsere Frau stehen, wir möchten gern wahrhaftig sein und eins mit uns selbst.

Macht Gott eigentlich auch Fehler? Kann man ja vermuten: Ich finde, Stechmücken sind ein Fehler, Erdbeben auch, dass ein Tag nur vierundzwanzig Stunden hat, ist mir jedenfalls nicht recht, und dass er gegen den Hass und die Missgunst nicht einschreitet, würde ich in jedem Fall unter Fehler verbuchen. Was macht Gott mit seinen, mit unseren Fehlern?

Klar: Er korrigiert sie. Boah, »korrigieren« ist echt ein schweres Wort. Die Handlung selber ist auch nicht so leicht (weiß ich auch aus Erfahrung!). »Der, der von keinem Fehler wusste, hat sich selbst zum Fehler gemacht«, heißt es (grad wieder in uralter Sprache) etwas abgewandelt bei Paulus über Jesus. Bedeutet: Wo wir fehlen, tritt er ein, wo wir falsch gehen, zeigt er neue Wege, wo wir uns verfehlen, bringt er uns liebevoll zu uns selbst. Gott verbessert die Fehler – an uns wäre, daraus was zu lernen (oder lärnen, oder so ...). Die Chance zu ergreifen – denn Gott legt uns auf unsere Fehler nicht fest!

Also: Ich mach ja eh keine Feler, aber schön iss das schonn! Ein Glügg!

Über manche meiner Fehler, mein Gott, lächelst du hinweg, manche stellst du richtig, so dass ich etwas lerne dabei. Ich kann mich auf dich verlassen – und den Fehler werde ich nicht tun: dass ich das vergesse.

Kein Geschwätz!

Am besten finde ich ja den »Mobilat Fantalk«, der vorher den Namen einer Brauerei trug (jetzt klingt da statt Bierseligkeit wenigstens Schmieren und Salben an), und der »Talk im Hangar 7« ist auch bemerkenswert (wobei ich mich nie bemüht habe, herauszufinden, wo dieser ominöse Hangar eigentlich steht ...) – weil halt getalkt wird. Da hat die Anne den Günter jetzt wieder abgelöst, Frau Maischberger gibt sich die Ehre, der Lanz kann(z) auch, und Maybrit Illner hält sich so wenig zurück wie Hart-aber-Fair-Franze Plasberg. In fast jeder Nachrichtensendung fragt ein streng blickender Redakteur (oder eine Redakteurin – Marietta Slomka kann das am allerbesten!) einen selten gut aufgelegten Politiker rhetorisch »Meinen Sie nicht auch ...?«, und der antwortet dann gekonnt auf eine Frage, die keiner gestellt hat.

Es wird getalkt und geredet, dass sich die Balken biegen und der Bildschirm schmilzt, nach dem Motto: »Hauptsach, g'schwätzt isch!« Das sagt meine Frau in muttersprachlichem Schwäbisch manchmal, wenn ich mich (nach Art der politischen Aussageverweigerung) in eloquenten Äußerungen ergehe, weil ich auf eine konkrete Frage gerade keine konkrete Antwort habe. Wenn ich auch nichts weiß, reden kann ich ja (bringt der Beruf so mit sich ...).

Hautsach g'schwätzt isch? Nö, eigentlich wäre es viel schöner, es würde auch mal geschwiegen; bemerkenswert wäre, es gäbe einer mal zu, vorerst nur Fragen und mit der Zeit erst Lösungen zu haben. Weil manches doch eher bedacht und weniger beschwätzt werden will. Am allerschönsten freilich wäre, wenn der, der da redet, nicht um den heißen Brei und nicht wohlfeil daherredete. Vielmehr, wenn er die Dinge beim Namen nennte, wenn auf sein Wort Verlass wäre und sein Wort gelte »Sagt ja, sagt nein – alles andere ist dummes Zeug!«, sagt Jesus (so ähnlich) in der Bergpredigt. Ja sagen, nein sagen – und nicht: ähm, naja und vielleicht, mal sehen und jein, ganz entschieden: jein.

Die größten Geschenke, die wir uns in dieser verquatschten Zeit machen können, sind klare Worte, verlässliche Zu- oder Absagen, und ein verlässliches Schweigen, wenn wir ratlos sind. Denn das zu sein ist nicht schlimm, übel ist, so zu tun, als sei ich um Antwort nie verlegen. Eine wunderbare Gabe: nicht talken und schwätzen, nicht schwadronieren und spekulieren, sondern sein Wort geben und sich beim Wort nehmen lassen, und wo das nicht geht – Klappe halten.

Es gibt da ein Vorbild: »Mein Wort ist wahrhaftig, und was ich zusage, das halt ich gewiss«, sagt Gott, im 33. Psalm. Steht uns auch gut zu Gesicht! Auch, wenn wir dann nicht mehr zu Talk-Runden eingeladen werden. Ist mir aber auch noch nie passiert …

Auf dein Wort ist Verlass, Gott – und auf mein Wort
soll auch Verlass sein, und auf mein Schweigen, mein
Stille-Sein und Nachdenken. Hilf mir, zu schweigen,
wenn es dran ist – Worte gibt es schon genug.

Wärmeverbundsystem

Ach, es gibt so wunderbare Worte! »Edelrohschinken-sülze« zum Beispiel – wem läuft da nicht das Wasser im Munde zusammen. Oder welchem rechten Kerl juckt es nicht bei »Pendelhubstichsäge« in den Fingern? Worte, die man filetieren und sich auf der Zunge zergehen lassen muss: »Schlauchaufrollerstecksystem«, »Rasenreparatursamenmischung«, »Fadenheftmaschine« und »Kirchenliedstecktafel«. Herrlich!

Noch so ein Wort habe ich dieser Tage entdeckt, bei meinem freundlich-hilfreichen Nachbarn. Der ist Gipser und Stuckateur, und er wirbt, neben »Putz« und »Stuck« (was knackig kurze Worte sind) mit dem lautmalerischen Wortgebilde »Wärmeverbundsystem«. Was das wohl ist?

Ich schau mir das Wort genauer an: Wärme – ist klar. Brauchen wir, nicht nur in den (jetzt Gott sei Dank vergangenen) Wintertagen! Herzen, die sich für andre erwärmen, Wärme im Umgang miteinander – brauchen wir. Und »Verbund«? Naja, Beziehung auf jeden Fall, Menschen, die sich einander verbunden fühlen, die verbindlich sind miteinander – tut gut! Aber »Systeme«? Das klingt ein wenig kühl, allzu sachlich und unpersönlich. Aber ich kenne durchaus Wärmeverbundsysteme – also … in Wahrheit weiß ich nicht, was mein handwerklicher Nachbar dabei vor Augen hat (muss ich ihn mal fragen, ob das was mit »Putz« und »Trockenbau« zu tun hat). Mir jedenfalls fällt ein:

Eine Familie kann ein ganz beglückendes Wärmeverbundsystem sein, wenn die Alten nicht allzu kühl **149** und die Jungen nicht allzu cool sind. Oder eine Partnerschaft, in der sich die Partner auf Augenhöhe begegnen und es ein liebevoller, warmer Blick ist, den sie füreinander haben; auch eine Kirchengemeinde, in der die Menschen einander in ihrer Unterschiedlichkeit wertschätzen; ein Stadtteil, in dem die Bewohner aufeinander und einander achten und jene willkommen heißen und ins System hineinnehmen, die erst einmal fremd sind.

Ja, und der Glaube! Der ist ganz gewiss ein Wärmeverbundsystem, denn da sind wir mit Gottes Wärme verbunden und aus diesem System fallen wir nicht heraus. Beim Propheten Jesaja heißt es mal: »Der Bund meines Friedens soll nicht hinfallen!« Versprochen: Gott bindet sich an uns – sehr warm.

Deine Wärme, mein Gott, spüre ich, wenn ich die Augen schließe und in meine Tage hineinlausche – denn du bist da, du hast dich an mich gebunden. Nun friere ich nicht mehr.

Fragen über Fragen

Ein Schulterzucken, ein ratloser Blick, ein Fragezeichen auf der Stirn! »Was wollen wir nun hierzu sagen?«

Das ist seit geraumer Zeit einer meiner Lieblingssätze (oder besser: eine meiner Lieblingsfragen) aus der Bibel. Paulus, in seinem Brief an die Römer, hat so reichlich ratlos aus der antiken Wäsche geguckt. »Hä? Und was jetzt? Da fällt mir nix mehr ein …« – das ist eine etwas moderne Version desselben Satzes, desselben Gefühls: Ich bin sprachlos. Und das kann der Mensch ja wohl sein, bei all den Ereignissen der letzten Tage (für die mir kein Scherz mehr auf der Zunge liegt, bei denen mir aller Humor vergeht). Das grauenvolle Attentat in Nizza, die menschenverachtende Gewalt in der Türkei, die nicht minder gewaltbereiten Reaktionen – und die unverfrorene Hetze im Netz dazu, die mangelnde Abgrenzung gegen Rechts und Antisemitismus, der antieuropäische Populismus der im In- und Ausland wohl am liebsten Scherbenhaufen sieht (um die sich dann andere kümmern sollen) – ich hatte schon mal mehr Hoffnung in eine gedeihliche Zukunft.

Da verschlägt es mir dann ganz leicht die Sprache, da zucke ich mit den Schultern und ziehe fragend die Stirn kraus. »Was sollen wir nun hierzu sagen?«

Ich bin froh, dass die Bibel solche Sätze für mich hat. Sie geht nicht davon aus, dass der fromme Gottesmann und die fröhliche Gottesfrau auf alles eine Antwort wissen. Mit der Bibel: darf gezweifelt werden, darf ich um Antwort verlegen sein, kann ich meinen

Fragen Raum geben. In meiner Rat- und Sprachlosigkeit ist mir Paulus ein Bruder.

Dankbar bin ich auch, dass Paulus auch gar keine Antwort gibt, so in der Art: »Nur Mut!«, oder: »Jetzt hab dich mal nicht so!«, oder: »Des Herrn Wege sind unergründlich!« – das gibt's ja in vielen Variationen und hilfreich sind sie alle nicht.

Nein, Paulus versucht gar keine Antwort, er stellt noch eine Frage. Aber eine rhetorische: »Ist Gott für uns, wer kann wider uns sein?« Eine rhetorische Frage kennt die Antwort schon: Gott ist für uns – darum gibt es nichts zu fürchten. Leichter gesagt als geglaubt, zugegeben.

Aber ich will mich darauf einlassen – weil gerade heuer nur ein Satz weiterhilft, der nicht von Angst geprägt ist. Einer der Mut macht, aufeinander zuzugehen und Menschlichkeit zu wagen. Einer, der im anderen einen sieht, für den Gott auch ist (und nicht nur für mich). Wir brauchen solche Sätze – und Menschen, die sie leben. Machen Sie mit?

Wenn es mir die Sprache verschlägt, Gott, dann habe ich noch immer dein Wort. Du trittst selber dafür ein, das muss nicht ich tun. Ich bin so frei, es mit dir zu wagen.

Mangelhaft

Eigentlich kostet es 24,95 €, so steht's jedenfalls auf der Rückseite; ich habe es aber für 4,99 € bekommen: die Biografie Leonard Cohens, aufgezeichnet von Sylvie Simmons, über 750 Seiten dick, das war meine Urlaubslektüre. Da ich bei Büchern einen beachtlichen Jahresumsatz erreiche, sind mir solche Tiefpreisschnäppchen nicht ganz unwillkommen, auch wenn ich mich ab und an frage, wie es wohl kommen kann, dass so viele Seiten so billig sind.

Ein Blick auf die Unterseite des Buches hat mir einen Hinweis gegeben: Da stand fett und blau gestempelt: »Mängelexemplar«. Aha! Aber so richtig versteh ich auch das nicht, denn die meisten Mängelexemplare, die ich schon gekauft haben, wiesen keine für mich sichtbaren Mängel auf: Da war nichts schräg gedruckt, da stand dasselbe wie im makellosen Keine-Mängel-Exemplar, keine Seiten waren verklebt und auch die Fadenheftung schien mir nicht gleich aus der Façon zu geraten.

Das ist bei mir persönlich ja ganz anders! Ich bin auch ein »Mängelexemplar« (Menschen sind das wohl), und meine Unzulänglichkeiten liegen deutlich zutage: Ich bin nicht der Allergeduldigste, meine Sangeskünste lassen zu wünschen übrig, der Rücken schmerzt seit geraumer Zeit, ein paar Pfunde weniger täten gut und mein Blutdruck liebt Höhenflüge. So manche Sorge hat feine Stirnfalten modelliert, manche Narbe ist geblieben und der eine oder andere Altersfleck stellt sich auch schon ein. Eine Menge Dinge gibt es, die ich nicht kann und die mir nie gelungen sind.

Mangelhaft! Nicht immer leicht, das zu akzeptieren – ich vermute, dass ich da nicht allein bin, dass es anderen ähnlich ergeht.

Was aber auch für alle gilt: Dass Gott uns nicht nach unseren Mängeln beurteilt. Er geht mit uns um – nach dem Maßstab seiner Liebe. Was bei ihm zählt, ist, was er in uns sieht: Menschen, die er nach seinem Bilde erschaffen hat, die Wert und Würde haben. Da müssen wir nicht vollkommen sein, es genügt, dass er uns vollkommen liebt. Weil dem so ist, gehe ich mit meinen Mängeln (auch immer wieder) ganz gelassen um: Ich kann sie zulassen, kann hier und da den Versuch machen, die Mängel-Grenze etwas zu verschieben, und wo es nicht gelingt, kann ich fröhlich auf das schauen, was ich bin und kann.

Und außerdem: Gott setzt uns im Preis nicht runter, wir werden nicht verramscht, sondern wertgeachtet, gerade so, wie wir sind. Kauf ich!

Mich beruhigt das, mein Gott, dass mich meine Fehler und Mängel nicht trennen können von dir, dass du mich nicht missachtest, auch wenn die Narben unschön und die Hände schwach sind. Ich bin unzulänglich, aber du hörst nicht auf, mich zu lieben.

Verbieten und gestatten

Parkverbot gibt es, Halteverbot und »Durchgang verboten«, oder gleich »Zutritt verboten«. Manchmal ist das »Berühren verboten«, manchmal das Sitzen oder das Aufsteigen, hier und da sind Essen und Trinken verboten, das »Mitführen von Hunden«, das Fotografieren und das »Abstellen und Lagern«, das Rauchen (o.k.). Für alle diese Verbote gibt es Schilder, Verbots-Schilder (nach ISO 7010), sogar fürs »Bedienen mit Krawatte« und fürs »Bedienen mit langen Haaren« (dafür wird's natürlich gute Gründe und eher leidvolle Erfahrungen geben). An Verboten ist unser öffentlicher Raum wahrhaftig nicht arm.

Selbst wer – was ich ab und an gerne tue – durch die einladende Lichtentaler Allee in Baden-Baden flaniert, wird Verbote finden, gleich neun an der Zahl! Verboten ist: Blümchen zu pflücken (also gut), zu grillen und zu skaten (schade), Musik zu hören (kommt drauf an, welche, oder?), Hunde von der Leine zu lassen (richtig!), auf der Wiese zu lagern, zu kicken, Rad zu fahren (auf den Fußwegen, denk ich) und Hunde k.... (also: ihr Geschäft verrichten) zu lassen. Kann ich irgendwie verstehen, manches gut, manches weniger gut – aber die vielen Verbote und Verbotsschilder überall machen mir doch etwas Platzangst, im Verbotsschilderwald fühl ich mich fremd und allein gelassen.

Wie wunderbar dagegen ein Schild, das ich in Lichtental an einer Werkrealschule entdeckt habe: »Das Spielen auf dem Schulhof ist außerhalb des Schulbetriebs bis zum Einbruch der Dunkelheit gestattet.« **155**

Merken Sie's? Da wird nicht verboten, sondern gestattet. Da wird eingeladen und freundlich die Hand gereicht, mit der Bitte um Rücksicht und Respekt wohl, aber nicht mit erhobenem Zeigefinger.

Die Gebote Gottes (die ja auch nicht Ver-, sondern Ge-Bote heißen!), lese und höre ich genauso: als Einladungen, als Gestattungen. Sie verweisen nicht so sehr auf die Grenzen als vielmehr auf die Chancen, die Möglichkeiten. Sie beschneiden nicht, sie geben Freiheit.

Die berühmten Zehn Gebote zum Beispiel: Wenn es »Du sollst nicht töten!« heißt, meint das auch: »Lebe, und fördere Leben; sei lebendig und sorge für Lebendigkeit!«. Oder »Du sollst nicht stehlen!«: »Achte, was zu einem anderen gehört, und sei selber geachtet mit dem, was du bist und was du hast!« Oder »Du sollst dir kein Bildnis machen!«: »Lass andere die sein, die sie sind, entdecke sie – und sei, wer du bist, lass dich entdecken!« Gottes Gebote verbieten nicht, engen nicht ein, sie schaffen uns Freiräume und schützen sie.

Vollends deutlich ist das, wenn Jesus das Liebesgebot (»Liebe Gott und deinen Nächsten und dich selbst!«) zum wichtigsten Gebot erklärt. Dass Liebe jemandem schade oder jemanden missachte, das verbietet sich von allein. Auch ohne Schilder. Gott lädt zur Liebe ein, das Liebesgebot bietet Freiheit an. Die sollten wir uns gestatten!

Dein Wort, deine Weisung, deine Mahnung, die Freiheit fördern, die mich befreiten, das Gute zu tun – das also, was das Leben erhält und aufblühen lässt, was Menschen zu sich selbst bringt und zu ihren Mitmenschen. Das hilf mir, zu hören – und zu tun.

Mund- und Nasenschutz

Daran gewöhne ich mich nur mühsam, das ist echt nicht leicht. Aber vielleicht werde ich mich auf Dauer darauf einstellen müssen: dass ich Menschen nur noch an ihren Augen erkenne, an Iris, Wimper, Augenbraue, am Silberblick oder am durchdringenden, scharfen Schauen. Die Atemschutzmasken zwingen mich dazu. Konnte ich mir vorher den schönen Schwung der Lippen, die feine Nase, das zarte Bäckchen, den Schnauzer und den Vollbart merken, so sehe ich heute nur noch Maske, und Auge(n) eben. Graue, braune, zartgrüne und himmelblaue Augen, aufmerksame und gleichgültige, müde, hellwache, weinende und leuchtende. Augen!

Ich mag Augen wirklich sehr, aber das Gesamtbild ist doch noch schöner: das Antlitz. »Dass das Antlitz des Menschen schön werde!« – das hat Gott im Sinn. So besingt es jedenfalls der 104. Psalm, ein Lied, das den Schöpfer lobt, der selber schön ist und der leuchtet (»Licht ist dein Kleid, das du anhast.«) und der sich was gedacht hat bei dem ganzen Schöpfungsgewimmle: Damit des Menschen Antlitz schön werde (wie Gott schön ist), darum gibt es, was die Schöpfung an Schönem und Heilsamem aufzubieten hat. Mir gefällt der Gedanke, dass wir Gott gefallen!

Und nun der »Mund- und Nasenschutz«. Okay, da gibt es nette Exemplare, richtige Modetrends lassen sich ausmachen, die Masken kommen geblümt daher, kariert oder gestreift, mit lustigen Motiven oder dummen Sprüchen, mit Hoheitszeichen oder in Vereinsfarben, fantasievoll manche – aber am Ende tun sie nur eines: Gesicht verdecken. Und das ist sehr schade.

Denn, wenn es so ist, wie die Bibel behauptet, dass wir Ebenbilder Gottes sind – also Gott wie aus dem Gesicht geschnitten –, dann könnten wir in den Gesichtern der Mitmenschen etwas ablesen von Gottes Angesicht: von Schönheit und Größe, von Wert und Würde, von Kraft und Einzigartigkeit.

Aber was lese ich aus Gesichtern, die mit Mund- und Nasenschutz bewehrt und verdeckt sind? Nun immerhin: Das dergestalt maskierte Antlitz sagt mir, dass ein Menschenleben gefährdet sein kann und dass Menschen bedürftig sind, gottesbedürftig wohl auch. Und der Maskierte ist ein Mensch, der Verantwortung übernimmt, der sich und andere vor dem Virus zu schützen trachtet. Ich lerne auch, dass ich nicht immer gleich verstehe (mancher nuschelt halt auch so hinter seiner Maske) und dass ich nochmal hinhören muss – das ist bei Gott nicht anders. Naja, und dann sind da immer noch die Augen, in die ich hineinblicken kann, in denen ich suchen kann.

Und in denen ich sie finde: die Schönheit, die Würde. Die verliert ein Mensch nie, und wollte er sich ganz verhüllen.

Gott verhüllt sich ja auch, in Millionen Masken und Menschengesichtern, und bleibt doch immer der, der schön ist, der leuchtet, und der uns liebt.

Danke, mein Gott, dass du dein Angesicht nicht abwendest von mir – im Gegenteil: Du schaust mir ins Gesicht. Und du lächelst dabei, so dass ich strahle von deiner Schönheit.

Gott wirbt

Der Herr Pfarrer W. aus B.-B. – ich hab schon lange nicht mehr nach ihm gesehen, aber wir sind ja auch keine engen Freunde –, der Herr Pfarrer W. aus B.-B. ist ein Dickschädel. Das ist ihm auch zu wünschen, denn der Herr Pfarrer W. fährt leidenschaftlich gerne Fahrrad – bloß ohne Helm.

Sapperlot! Wenn ich ihm sage, wie gefährlich das ist, winkt er nur ab, lächelt und meint: »Das muss doch jeder selber wissen!«

Stimmt natürlich, irgendwie. Aber leichtsinnig ist es doch. Und wenn mal was passiert, wenn er sich ein Loch in den Schädel fährt, dann gibt's noch andere Leidtragende: die Frau vom Herrn Pfarrer W. zum Beispiel, und ihre drei Kinder. Dann mag der Kollege sich freuen, dass er sich selbstbestimmt die Stirn verbogen hat, seine Familie, die Freunde und Bekannten freuen sich bestimmt nicht.

Aber es gibt sie halt, die Unvernünftigen, die zu mahnen sind, als hätte ich dem Ochsen ins Horn gepfetzt (das ist so ein herrlicher Spruch aus dem Schwäbischen, den ich jetzt endlich mal zitieren kann!). Der merkt das nicht.

Die Unvernünftigen, die ihre Ohren auf Durchzug stellen, die Unbelehrbaren, die merken's nicht. Und bringen sich selbst und andere in die Bredouille. Mich regt so was auf (Sie vielleicht auch)!

Gott wird ja manches nachgesagt: Allmacht, Allwissen, dass er alles sehe und höre …, geschenkt! Was mich viel mehr fasziniert, das ist seine schier unendliche

Geduld – sonst hätte er die Unvernünftigen vielleicht schon von der Erde gewischt. Aber nein, er bemüht sich um sie, er wirbt um ihre Einsicht, er wird nicht müde, sie anzusprechen, wieder und wieder.

Wenn wir die vielerlei Ratschläge, Mahnungen, Gebote der Bibel doch so lesen und hören wollten: als Gottes Werben um unsere Vernunft. Da geht es nicht um richtig oder falsch, gut oder böse, um moralische Güte oder Verwerflichkeit, da geht es um gelingendes Leben. Die Zehn Gebote etwa erzählen von einem Leben ohne Selbstüberforderung, ohne Lieblosigkeit, ohne Furcht und Missgunst. Sie zeigen an, wie gelebt werden kann, wenn Menschen ihren Menschenverstand gebrauchen. In der biblischen Tradition ist der Dekalog das in Stein gemeißelte Geschenk des Gottes, der für seine Menschen Freiheit und Gerechtigkeit will.

So gesehen, gewinnen wir, wenn wir auf ihn hören – und nicht bloß dickschädelig auf uns selbst. Der geduldige Gott! Vielleicht ist Ihnen das aufgefallen, als Sie die Zehn Gebote in Schule oder Konfirmandenunterricht auswendig gelernt haben (ich kenne Menschen, die können's noch!): An keiner Stelle im Dekalog erhebt Gott den Zeigefinger und brummt: »Hey, mach das gefälligst, sonst ...!« Nein, Gott wirbt, es mit seinen Ratschlägen und Orientierungshilfen zu versuchen. Und wer sich drauf einlässt, wird's schon merken: Das ist vernünftig, so kann's gelingen.

Am Wochenende fahr ich mal beim Herrn Pfarrer W. vorbei und schenk ihm einen Fahrradhelm!

Für dein Werben, deine Geduld dabei danke ich dir, mein Gott. Ich will mich dir öffnen, wenn du mich umwirbst, ich will lauschen und aufmerksam sein.

Im Auge des Betrachters

Jetzt weiß ich, warum ich nie gewählt worden bin, in keinen Gemeinderat, kein Parlament, nicht als OB, als »Sportler des Jahres« und nicht als Faschingsprinz. Abgesehen davon, dass ich keiner Partei und keinem Karnevalsclub angehöre, dass ich nie irgendwo kandidiert habe und keiner mich nominiert hat – der wahre Grund ist: Ich bin einfach nicht schön genug! Es fehlt der rechte Body-Mass-Index, das Sexappeal, die hippe Frisur (wenigstens beim Barbier bin ich schon gewesen!). Es war ja dieser Tage zu lesen: Die Schönen haben mehr Chancen bei Wählerinnen und Wähler.

Ein bisschen überraschend ist das schon. Unbestritten muss die Schönheit im Auge des Betrachters liegen, nur so lässt sich erklären, dass so manche Gestalt mit recht hässlichen Ansichten ihren Weg in den Bundestag gefunden hat. »Schönheit« ist doch wohl ein bisweilen oberflächliches Konzept!

Findet Gott auch – jedenfalls zuerst. Denn es sind ja nicht die Reichen und Schönen, die ganz oben auf seiner Rangliste stehen, eher die Schwachen und Missachteten, vor denen andere die Nase rümpfen, die in der Fitness- und Beauty-Welt keine Rolle spielen, oder bestenfalls als Lachnummern. Gott wählt sich die zu Freunden, die den Schönheitsidealen nicht entsprechen. Ich finde das ausgesprochen tröstlich, da habe ich doch eine echte Chance, gewählt zu werden (als Obmann im Engelschor dereinst, oder als Oberparadieserdbeerpflücker vielleicht?).

Aber: In Wahrheit führt Gott gar keine Liste, setzt er keine Schönheitsrangordnungen. Nein, er wählt frank und frei und ohne, dass der oder die Erwählte dafür etwas tun könnte. Stylen und Schminken, Shaping und Saunen helfen nichts, damit Gott seine Wahl trifft. Die trifft er aus Liebe, und weil er umfassend liebt, sind wir Menschen ganz umfassend seine erste Wahl!

Darum gilt: Nicht der Mensch ist geliebt, der schön ist, sondern der ist schön, der geliebt wird. Liebe macht anmutig, bezaubernd, hinreißend. Gott sieht das so – und Gott sieht uns an. Da liegt die Liebe in den Augen des Betrachters, und unter diesem Blick entfaltet sich unsere je eigene Schönheit, dass es eine Lust ist!

Und ich will mich sonnen in deinem Blick, will mich entfalten unter deinen Augen, dass die Schatten und Flecken mich nicht mehr ängstigen und entmutigen, dass meine Farben zu leuchten beginnen und ich lache.

Einmalig

Erdbeerzeit! Das muss ich wieder einmal erwähnen: Erdbeeren sind (für mich) das allerbeste Obst der Welt! Ich bin fast sicher: Im Paradies wird es gar kein Apfel gewesen sein, mit dem die Schlange Adam und Eva vom Pfad der Tugend ablenkte, nein, nein, das waren Erdbeeren. Ich esse sie lustvoll, könnte in Erdbeermarmelade baden (aber die Baden-Badener Therme bietet es nicht an), lass mir die Früchte auf der Zunge zergehen wie sonst nur Zartbitter-Hochedelschokolade. Erdbeeren (Seufz!)!!!

Nun habe ich gerade was Neues entdeckt, was ich (der ich ein Kenner bin) noch gar nicht wusste! Auf dem Markt werden – zur Herstellung der wunderbarsten Marmelade des Universums – »deformierte« Erdbeeren verkauft, deutlich billiger als die prallen, roten, ansehnlichen. Aha! »Deformiert«, also: missgestaltet, jenseits der Norm, unansehnlich. Wenn sie mir einer gezeigt hätte, die »deformierten Erdbeeren«, bevor sie gekennzeichnet wurden, ich hätte sie einfach für natürlich gewachsen gehalten. So ist's doch mit der Natur: Die hält sich nicht an Normen, die bringt, wo immer sie kann und darf, Einmaliges hervor, Unverwechselbares.

Wäre ich jetzt eine Erdbeere (also nur so als Idee; ist ja kein schöner Gedanke, zu Konfitüre verarbeitet zu werden) oder gäbe es einen Markt für Pfarrer und andere Christenmenschen, an mir prangte dieses Schild ganz bestimmt auch: deformiert. Denn so fühle ich mich manchmal: ungestalt, verbogen von meinen **163**

Sorgen, gezeichnet von meinen Ängsten, angeschlagen und verwundet. Es kommt vor, dass ich innerlich und äußerlich aus der Form gerate, dass ich ratlos und mutlos bin – und dann ist nichts mehr mit mir anzufangen (selbst zum Versaften oder Verkochen wäre ich nicht gut geeignet).

Aber dann kommt Gott daher und sagt: »Du bist nicht deformiert – du bist einfach natürlich gewachsen. Du bist nicht unansehnlich und missgestaltet – ich sehe dich gerne und du gefällst mir. Ganz genau so, wie du bist!« Gott sagt das, weil er nicht nach Normen misst, weil er uns vielmehr als Persönlichkeiten schätzt, mit unseren eigenen Geschichten, mit den blauen Flecken und vernarbten Wunden, die wir tragen, mit dem ganz eigenen Lächeln und dem besonderen Glanz in unseren Augen – mit all unseren Grenzen und Möglichkeiten.

»Deformiert« fühlt sich das Leben manchmal an, für Gott sind wir aber einfach nur einmalig. Und wo es doch Formfehler gibt, da heilt er uns, da macht er uns rund und gut und schön. Es gibt übrigens einen Vorgeschmack auf diesen paradiesischen Zustand (ich wiederhole mich hier gern, pardon): den einer reifen Erdbeere!

Hilf mir, Gott, mich mit deinen Augen zu sehen, damit ich nicht verzweifle an meinen Wunden und Rissen, an der ganzen Verbogenheit. Hilf mir zu sehen, wie du mich aufrichtest und heilst.

Es kommt noch was

Die Bäckereifachverkäuferin meines Vertrauens ist eine sehr freundliche Frau! Wenn ich meine Brot- und Brötchenwünsche genannt habe, kommentiert sie das nicht unwirsch: »Ja, und war's das dann?« oder: »Das reicht dann ja wohl!«, nein! Sie fragt werbend: »Kommt noch was dazu?« Das ist eine sehr lebensweise Frage, denn: Es kommt immer noch was dazu!

Hab ich's eilig und sitz ich im Auto, schweißgebadet schon vom Stress (ich will auf keinen Fall zu spät sein), dann werde ich mit Sicherheit auch noch geblitzt. Finde ich im Terminkalender ganz sicher keine freie Zeile mehr (und ich weiß nicht, wie ich diese Woche bewältigen soll), dann ruft bestimmt jemand an und bietet höchstdringlich um ein Gespräch. Habe ich gerade mein Fahrrad blitzeblank geputzt und gönn ich uns beiden eine Ausfahrt ins Grüne, dann handle ich mir unweigerlich einen Platten ein (welcher Hirsch schmeißt auch die Glasscherben auf die Straße?). Es kommt immer noch was dazu!

Bei Gott auch. Es gibt da diesen Satz Jesu, der mich immer ein wenig frustriert hat: »Wer viel hat, dem wird noch mehr gegeben werden.« Aha – aber ist das nicht ungerecht? Wer eh schon reich ist, was braucht der noch. Wem ohnehin alles gelingt, warum kriegt der noch ein Sahnehäubchen obendrauf? Gemein, oder?

Seit die Bäckereifachverkäuferin meines Vertrauens mich freundlich fragt, versteh ich die Worte Jesu plötzlich anders. Sie fragt, ob es zu dem, was ich schon habe (Knusperkruste und Sesamsemmel), noch etwas braucht. Ich habe also schon! Dann verweist Jesus auf das, was schon zu mir und in mein Leben gehört. Ich habe schon, und zwar »viel«! Und das stimmt!

Ich muss nur hinschauen: Auf einmal tut sich etwas auf, tritt Schönheit in mein Leben. Ein Freund, eine Freundin, die mich anlächeln und bereichern, eine Melodie, die mich anrührt, Augen, in denen ich zuhause bin, ein Duft, in den ich eintauche, ein Wort, das mich zärtlich umarmt. Das alles ist schon da, »viel« davon.

Und wenn ich mich auf die Suche mache, wenn ich es gelten lasse, wenn ich Aug und Ohr und Herz und Hirn dafür öffne, dann werde ich reicher und reicher. Es ist schon was, und es kommt noch was, immer!

Hilf mir zu schätzen, was ich schon habe, Gott – und gibt mir einen Sinn für all das, was du noch drauflegst. Dass ich aus deinem Reichtum lebe – und ihn teile.

Nur Geduld!

Moment ... waren das jetzt 25 Tropfen? Oder doch erst 23? Menschenskind, jetzt hab ich mich wieder verzählt! Der Pfaff ist grad arg am Husten, und da hilft das bewährte Mittel aus dem Fläschchen, giftgrün und mit 47 % Alkohol (Hicks!). Aber vor die Heilung hat Gott das Tropfenzählen gesetzt – und das ist eine echte, schier nicht zu bewältigende Herausforderung. Das kennen Sie auch: Da hält der Mensch den Teelöffel unter das Fläschchen und nach gefühlten fünf Minuten löst sich der erste Tropfen. Der Arm wird schon müde, aber dann geht's munter voran und ich denk schon: »Na, heute läuft's ja wie am Schnürchen?«, da bricht der Strom auf einmal ab. Und da es nichts nützt, die Flasche zu pressen, zu drehen und zu wenden, da Gut-Zureden, Drohen und Fluchen grad so wenig Wirkung zeigen, bleibt nur eines: Geduld. Irgendwann – zu husten hab ich längst vergessen – krieg ich die 24 Tropfen, die es sein sollen, damit der Husten die Flucht ergreift, zusammen (oder waren's schon 25?); ich gieß mir die stark alkoholisierte Medizin hinter die Binde und hoffe auf Gesundung. Freilich reichlich entnervt!

Denn Gott hat mich mit mancherlei gesegnet, mit Geduld ganz gewiss nicht. Was ich nicht sehr fair finde. Die Bibel ist voll des Lobes für die, die geduldig sind: »Ein Geduldiger ist besser als ein Starker!«, heißt es im Buch der Sprüche weise – aber ich bin halt weder geduldig noch stark. Das fällt mir nicht nur beim Tropfenzählen auf die Füße (das ließe sich ja noch ertragen); manchmal bin ich mit meinen Mitmenschen ungeduldig, wenn sie mit meinen Einsichten oder meiner Begeisterung nicht Schritt halten, oder ich will mit der Tür durch die Wand, um eine Idee zu verwirklichen, eine Planung voranzubringen. Und ich merke gar nicht, wie ich selber atemlos werde.

Was für ein Glück, dass Gott Geduld hat, im Übermaß, ganz offensichtlich. Paulus hat ihn einmal den »Gott der Geduld und des Trostes« genannt und spürbar aufgeatmet dabei: Gott, die Geduld schlechthin, die Geduld in göttlicher Person!

Das beruhigt mich etwas, denn das heißt doch wohl, dass ich ihm überlassen kann, was mich so ungeduldig macht. Und dass ich bei ihm eine Ruhe finde, die mich Geduld lehren mag. Was mich aufregt: abgeben! Wenn ich unruhig bin: Gott einziehen lassen. Ich versuche das.

Gleich beim nächsten Tropfenzählen! Also: her mit der Flasche, aber schnell!

Hilf meiner Ungeduld auf, Gott, wie du meinem Unglauben aufhilfst – indem du mich hineinnimmst in deine Geduld, deine Güte. Hilf mir, ruhig zu werden, damit ich nicht eile, wo ich verweilen könnte, damit ich raste und nicht rase.

Unsere Worte

Merken Sie was? Die wollen uns die guten Worte klauen! Zum Beispiel: »Querdenken«! Hey, wenn es was gibt, das Christinnen und Christen können, dann ist es das Querdenken: quer gegen die Zeit und den Zeitgeist, quer gegen das, was immer schon so war, oder gegen das, was ganz redselig und furchtbar laut daherkommt, gegen die Parolen und Populismen.

Und auf die »Werte«, auf die haben sie's auch abgesehen, auf die »guten-alten« oder die »christlich-abendländischen«; dabei fragen sie nicht, wer uns was wert ist: die Menschen nämlich, gleich welcher Herkunft und Kultur – und dass sie uns alle gleich viel wert sind, dass jede und jeder Einzelne gleich viel Wert und Würde hat, das interessiert sie nicht.

Was sie interessiert, das ist die »Identität«. Aber sie meinen nicht die Weite, die die im Herzen haben, die ihre Identität von Gott her verstehen, sondern die Enge derer, die Grenzen ziehen und die festlegen, wer wohin gehört. Christliche Identität leben die, deren Füße Gott »auf weiten Raum« stellt, nicht die, die rote Linien und steinerne Mauern ziehen.

Merken Sie's? Die klauen uns die Worte. Und wer sind *die*? Sie nennen sich »Reichsbürger«, »Identitäre«, »Nationalkonservative«, »Verteidiger des Abendlandes«, oder ganz frech: das »Volk«. Neben den echten Rassisten und Antisemiten, den Radikalen und Verschwörungstheoretikern, die es da gibt, sind darunter auch viele, die verunsichert sind, die auf eine starke Hand hoffen, die klare Leitlinien brauchen und sich ab **169** und an die Entscheidungen auch gerne abnehmen lassen. Darum halten sie sich auch an den starken Worten fest und deuten sie um, wie's eben passt für's unsichere Gemüt, den mangelnden Lebensmut, die ungelebte Freiheit – für »Füße auf begrenztem Raum«.

Ich will mir die Worte nicht stehlen lassen. Ich denke lieber selber quer – gegen rechts und Rechthaberei; ich begebe mich lieber ins Gespräch um Werte, als sie festzulegen und mich zum Gefangenen »ewiger Werte« zu machen; ich verstehe meine Identität lieber von der Freiheit her, die Gott mir zuspricht, als mich selbst zu begrenzen und zu verschließen; ich bin lieber Bürger eines Reiches, in dem Achtung und Respekt herrschen, in dem sich Menschen freundlich ansehen, neugierig, weil Gott sie alle – in ihrer Unterschiedlichkeit – geschaffen hat, damit sie lernen voneinander und wachsen aneinander. Und ich schwöre lieber Stein und Bein darauf, dass Gott dieser Welt ein geheiltes Lachen schenken wird, als mich mit den Verschwörungserzählungen lächerlich zu machen.

Merken Sie was? Sie können es versuchen, uns unsere Worte zu klauen, aber es wird ihnen nicht gelingen! Wir stehen dafür ein. Fröhlicher als sie!

Gib mir, mein Gott, wenn es nötig ist, klare Worte – und hilf mir, mich auf deine Worte zu verlassen, Worte, die mich ermutigen, die Herz und Hände stärken und mich meine Schritte wagen lassen.

Unter Verschluss

»Bafila Busamba, ga giefig deisonheit ga-go, knatusch Klepomuk baulagus, tita tuto Tüpichor.« Verstanden? Müssen Sie nicht, das ist blanker Unsinn. Diese Worte, Lautmalereien, klingen nach Abzählreimen oder heimlichen Zaubersprüchen, vielleicht nach einer lustigen, uralten Sprache, die irgendwo am Kilimandscharo, auf den Fidschi-Inseln oder in finsteren, entlegenen Tälern des Schwarzwaldes gesprochen wurde – aber es sind nur Phantasieworte. Ich spreche sie gerade, es handelt sich um Übungen mit sogenannten »Plosiven«, den Verschlusslauten (b, d, g, k, p, t), die ganz hinten im Rachen, mit den Stimmbändern gebildet werden. Ich habe da nach einer Beatmung etwas Nachholbedarf.

»Bromdschango«, »Gögulum« und »Pällertau« muss niemand verstehen, aber es gibt andere Worte mit Verschlusslauten, die manches unverständige Runzeln auf Stirnen zaubern, und denen doch große Bedeutung zugemessen wird, in der kirchlichen Tradition jedenfalls. »Gnade« zum Beispiel ist so ein Wort, »Erbarmen« oder »Gottes Allmacht« und »Sünde«. Die haben nicht nur Verschlusslaute (g, b, t und d), die sind für viele Zeitgenossen auch Verschlusssachen. Was soll es denn bedeuten, das gute alte Kirchenwort »Gnade«? Wer weiß mit der »Allmacht Gottes« noch etwas anzufangen, da Gott in seiner Macht halt scheinbar gar nichts macht, um Menschen, Tiere, eine Welt zu retten? Und hat das unselige Konzept der »Sünde« nicht längst ausgedient? Damit sollte niemand mehr Kinder erschrecken und schlechte Gewissen provozieren.

Es gibt – das muss ich als Theologe mit einem leichten Hang zur Selbstrechtfertigung schon sagen – wunderbare Erläuterungen für diese fremd gewordenen Begriffe: »Gnade« kommt von »Nahe-Sein«; »Sünde« hat mit »Absonderung« (vom lebendigen Leben) zu tun; wer sich »erbarmt«, macht sich selber arm und öffnet das Herz. Schöne Erklärungen, wer drüber nachdenken mag! Da gibt es im christlichen Wortschatz tatsächlich manche Kostbarkeit zu entdecken. Aber darauf kommt es nicht an.

Denn wenn die Bibel Worte macht, spricht sie nicht zuerst von der Lehre, sondern von der Erfahrung. Und sie erzählt, was Menschen erfahren und erlebt haben. Mit einem Gott, der nicht ferne ist, mit der Grenze des Menschlichen und einem Gott, der auch an der Grenze noch festhält und trägt, der mächtig ist mit der leisen, alles durchdringenden Macht der Liebe.

Die Worte bleiben nicht Verschlusssachen, sie öffnen sich, wenn wir uns für die Erfahrungen, die in ihnen stecken, öffnen. Da können wir uns gegenseitig helfen dabei: indem wir einander Nähe gewähren, uns füreinander auftun, uns lieben.

Üben wir's doch, wie andere ihre Plosive: Gamses, Gnade, Beukona, Erbarmen, Boto, Büko, Liebe ...

Mein Gott, ich tue mich auf für das, was deine Worte meinen, für deine Lebendigkeit und Gegenwart in dem, was du sagst. Du hast Zuspruch für mich – und ich bin ein Angesprochener, einer, dem deine Aufmerksamkeit zuteilwird.

Lichtsignalanlagen

Sie meinen es nicht gut mit mir! Wenn ich mal eilig wohin muss, stehen Ampeln grundsätzlich auf Rot. »Grüne Wellen« wogen anderswo (in Wahrheit, glaub ich, gibt es die auch gar nicht, das ist nur so ein Werbetrick vom Verkehrsministerium …). Verkehrsampeln sind mir nicht wohlgesonnen, ob ich mit dem Fahrrad oder mit dem Auto unterwegs bin, selbst an Fußgängerampeln (mit Drucktaste) erwisch ich fast immer die längste Phase. Nervig, das!

Dabei … wenn ich es recht überlege, ab und an (auch wenn es schwer fällt, das zu einzugestehen) war ich so einer Ampel auch schon dankbar: Bei Rot fällt mir vielleicht noch ein, dass ich mal wieder den Einkaufszettel vergessen habe und also umkehren muss; und manches rote Männchen hat mich schon vor einem durchgeknallten Biker bewahrt! Will ich mal nicht undankbar sein!

Zumal so eine rot-gelb-grüne Lichtsignalanlage (was »Ampel« auf Amtsdeutsch heißt) für den Rest des Lebens (wenn ich nicht im Auto oder auf dem Fahrradsattel sitze) auch nicht schlecht wäre.

Rot – Anhalten. Zuzeiten ist es wirklich gut, anzuhalten und nicht einfach weiter zu jagen und zu hetzen, weil doch immer was zu tun ist und sich immer was ganz Dringliches aufdrängt. Anhalten und Atem holen. Gute Idee! »Meine Seele ist still und ruhig geworden«, heißt es in einem Davidpsalm. Wäre schon schön!

Gelb – Vorsicht! Aufmerksam sein! Daran fehlt es mir durchaus manchmal, eben wenn ich wie aufgescheucht durch meine Tage renne und nicht mehr sehe, was sich rechts und links des Weges an Schönheiten und Herausforderungen auftut. Aufmerksam zu sein bereichert! »Merkt auf, damit ihr lernt und klug werdet!«, rät Salomo im Buch der Sprüche. Wäre kein Schade!

Grün – freie Fahrt! Aber wie oft fühle ich mich gehalten und gefangen in all meinen Unzulänglichkeiten, in der Menge der Pflichten und scheinbar so mächtigen Sachzwängen. Und da kommt einer, steckt mir mit seiner göttlichen Lichtsignalanlage ein Licht auf und spricht mir zu: »Gott macht die Gefangenen frei!« (Psalm 146,7) und: »Ihr seid zur Freiheit berufen!« So sagt Paulus das im Brief an die Galater – und als Versprechen an uns.

Ich will das ernst nehmen und mich künftig aufmerksam und wagemutig durch den Straßenverkehr meines Lebens bewegen.

Ab und an innehalten, mich aufmerksam umsehen, und mein Leben wagen, frank und frei. Und wenn ich dann doch mal auf einer »Grüne Welle« surfen dürfte ... wär's perfekt!

Mein Gott, ich brauche deine Signale: die Warnung, die Zusage, dein Wort, das mich befreit. Wie gut, dass du mit mir auf dem Weg bist und weißt, was gerade dran ist und wie mein Weg gelingt.

Fremdsprache

»Je suis désolé!« – »Es tut mir leid!«, presste meine Französischlehrerin, Frau Dr. Sprachlos (Name vom Autor geändert), mit einem Kopfschütteln hervor, als sie mir mein Arbeitsheft mit der dicken, roten Fünf unter dem letzten Text, an dem ich mich versucht hatte, zurückgab. Sie hat das damals nicht entschuldigend gemeint und kein bisschen gut, sondern strafend, gehässig. Sie hatte mich für die französische Sprache ab- und die dicke Fünf mit sarkastischem Vergnügen ins Heft geschrieben. Die Sprachlos war eine Plage, die Sprachlos hat mir diese anmutige Fremdsprache fürs Leben versaut, die Sprachlos ließ mich zurück, wie sie hieß: »Für diese Sprache bist du zu doof, Thomas Weiß!« Frau Dr. Elvira Sprachlos – die schlimmste Lehrerin meiner überschaubaren Fremdsprachenkarriere.

Aber der Mensch wird erwachsen und weiser – und kann im hohen Alter noch dazulernen. Darum habe ich beschlossen, den alten, frankophilen Drachen Lügen zu strafen. Ich lerne jetzt Französisch, ich hole das nach. Mit einem Online-Lernprogramm namens »Schnatter« (Name vom Autor geändert), das mir verspricht, dass ich in drei Wochen in Pariser Cafés überleben kann, die Tour de France im Original verfolgen und eine gute Figur machen werde, wenn Monsieur Macron mich zum Petit Déjeuner lädt (avec Angela – ich übersetze dann simultan). Immerhin, drei Wochen muss ich investieren. Aber das lohnt sich ja.

Manchmal lohnt es sich auch, ein ganzes Leben zu investieren. Bei Gott (Name vom Autor nicht geändert) zum Beispiel. Zum Verstehen und Erlernen seiner Sprache reichen ein paar Wochen nicht hin, das ist ein lebenslanges Geschäft. Gott spricht die Sprache einer Liebe, die jeden Augenblick neu ist, deren Grammatik sich anpasst, je nachdem, wer ich bin und was ich brauche. Sein Wortschatz ist so reich und bunt, wie das Leben von Menschen es ist – und es gibt Tausende von Wendungen zu erlernen, die von Gottes Nähe sprechen: »Ich bin bei dir, alle Tage!« »Ich segne dich!« »Du bist behütet!« Dabei gibt er selbst den Lehrer, aber keinen Dr. Sprachlos, sondern einen eloquenten, verlässlichen, zugewandten. Im Übrigen verteilt Gott keine Noten; er fragt nicht nach Leistung, sondern nach Lebendigkeit. Und wo die fehlt, verspricht er, zu helfen und zu heilen.

Ich habe den leisen Verdacht, Gott lehre gar keine Fremd-, sondern eine Liebevoll-Vertraut-Sprache!

»Je suis heureux!« – »Ich bin glücklich!« Jetzt lerne ich weiter Französisch – und auf Gottes Sprache lausche ich besonders aufmerksam.

Du sprichst mich an, mit einer warmen Stimme, aus der Zuwendung und Verlässlichkeit klingen. Du sprichst mich an – und ich will ganz Ohr sein.

Ganz schön!

Bezaubernd, einnehmend, hinreißend, vollkommen, betörend und charmant, bemerkenswert, anmutig und herrlich – verzeihen Sie, ich bin auf der Suche. Ich suche andere Worte für das Wörtlein »schön«. »Schön« – gebrauche ich viel zu oft: Schön, dass du da bist! Schön'nab'ndnoch! Schöne Aussichten! Schöne Bescherung! Du bist schön und das ist schön und die ist schön und ganz schön schön, das alles. Nun suche ich Alternativen, weil ich meinen Wortschatz so armselig finde.

Alles andere als armselig sind freilich die Anlässe: Ich gebrauche das Wörtlein ja nur so oft, weil es so viel Schönes gibt, weil mir so viel Schönheit begegnet. Da gibt es strahlende Menschen, die mich bewegen und beindrucken; es gibt himmlische Melodien und wohlgesetzte Worte; es gibt liebreizende Gesten und Augenaufschläge, die sind atemberaubend. Wenn einem so viel Schönes wird beschert, das wäre schon ein paar treffliche Worte wert! Die Älteren erinnern sich noch an die Werbung für den (asbach-)uralten Weingeist, die mit einem ähnlichen Slogan daherkam. Von alters, aus uralten Zeiten kommt her, dass es schön zugeht in der Schöpfung, die Gott sich nach sieben Tagen (wird erzählt) ansah und zufrieden befand, dass sie »sehr schön« sei. Er hat diese Feststellung in vielen prächtigen Variationen wiederholt seither.

Obwohl: Manchmal bleibt mir auch die Spucke weg, weil es so hässlich zugehen kann. Dann steh ich vor einem »ganz schönen Schlamassel«, mancher gebärdet sich »ganz schön frech«, und die Zeiten sind »ganz schön ungemütlich«! Dann steckt das Wort »schön« voller Schmerz und Ironie – und ganz, ganz oft ist doch kaum was zu merken von der Schönheit, die der Schöpfung innewohnt.

Das Schöne: Gott, der das Schöne geschaffen hat, lässt es nicht allein. Gott ist uns »ganz schön nahe« – in anderen Worten: unverbrüchlich, untrennbar, heilsam, beruhigend, hilfreich nahe. Für Gott ist also nicht alles einfach »schön und gut« und er verlangt nicht: »Nun beruhigt euch mal schön!« Er nimmt, was hässlich ist, was bedrängt und belastet, ganz und gar ernst! In der Passionszeit, ganz oft im Kirchenjahr, eigentlich sonn- und alltäglich tritt das Kreuz Jesu, sein Mit-Leiden, in den Blick – und das war nicht schön. Da aber hat Gott gezeigt, dass er »ganz schön« menschlich ist, ein Liebhaber des Lebens.

Und das ist doch ... hm ... so schön!

Mein Gott, hilf mir deine Schönheit und die Schönheit von Mensch und Welt zu schätzen, damit ich staunen lerne und das achte, was du so schön geschaffen hast. Wo sie gefährdet ist, diese Schönheit, und wo ich für sie sorgen kann, da hilf mir, die Hände zu regen.

Gut gehalten

Im Urlaub, da gönnt sich der Mensch ja manchmal etwas Außergewöhnliches. Habe ich auch getan: Ich schau mir Sendungen an, die ich sonst nie ansehe: »Lotto am Samstag« mit Franziska Reichenbacher, CSI Sonstwas (wo diese Krimi-Reihe überall spielt ist ja schwindelerregend) und – das Highlight dieser Feriensaison: Ninja Warrior Germany!

Doch, das muss ich gesehen haben: Da turnen junge Männer und Frauen mit gestählten Bodys über Wassergräben, an Stangen, Rädern und schwingenden Teilen herum, am Ende geht's eine Wand hinauf, und wer die oder der Schnellste ist, gewinnt Geld und einen (mir jedenfalls) zweifelhaften Ruhm. Das Beste an dem Spektakel sind aber nicht die Tarzans und Janes, die das alles bierernst nehmen und sich bis an ihre Grenzen ins Zeug legen, sondern die Kommentare von Jan Köppen und dem unvermeidlichen »Buschi« Buschmann. Da wird so herrlich unbedarft dahergequatscht, dass es schon wieder ein Erlebnis ist. In der Sendung, die ich gesehen habe (Sorry, mehr als eine war dann doch nicht drin!), fiel ständig ein Wort, das mich begeistert hat. Die turnenden und tastenden Kandidaten brauchten am Gestänge vor allem eines: Griffkraft.

Was für ein Wort: Griffkraft! Das ist schon lautmalerisch ganz beeindruckend. Und in der Wirklichkeit?

Ich habe wohl eher wenig Griffkraft – drum ist's mir bisher auch nicht eingefallen, ein Ninja Warrior zu werden. Tatsache ist: Ich habe ganz viel nicht im Griff. Es fehlt mir die Griffkraft, die schönsten Augenblicke **179** festzuhalten, manche Herausforderung misslingt, weil ich nicht genug Kraft in den Griffeln habe. Das kennen Sie auch: Griffkraft ist eine besondere Gabe (die sehr, sehr wenige besitzen). Auch die Wahlkämpfer und -kämpferinnen, die gerade so tun, als hätten sie's in der Hand, werden sich an ihrer Griffkraft messen lassen müssen!

Gott – glaub ich – hat Griffkraft. Muss er haben, wenn es wahr ist, was im 139. Psalm steht: »Und nähme ich Flügel der Morgenröte und bliebe am äußersten Meer, so würde auch dort deine Hand mich führen und deine Rechte mich halten.« Dabei sind wir ganz schön schwer: beschwert von Sorgen, belastet mit Furcht, beladen mit Trauer. Aber Gott lässt uns nicht los, Gott lässt uns nicht fallen. Nein, er nimmt uns das Schwere ab.

Und da er das ja nun auch seit Ewigkeiten trainiert, ist seine Griffkraft unerschöpflich! Wir sind gut gehalten! Da staunt sogar Buschi und verstummt.

Im Griff – habe ich nichts, aber gehalten bin ich – von dir. Du lässt den Griff so locker, wie ich es brauche, um frei atmen zu können, und du hältst mich so fest, wie es nötig ist, damit ich mich nicht verloren fühle.

Keine Lust?

Ach nee, nicht schon wieder! Muss das denn immer sein, alle vier Wochen? Jetzt ist es draußen knackig kalt, die Sonne glänzt, der Himmel ist stahlblau, wie er das nur im Winter ist – ich will raus, ein paar Schritte gehen oder ein paar mehr, den Tag genießen! Und jetzt soll ich eine »Geistliche Kolumne«« schreiben, ein paar Sätze zur angelegentlichen Erbauung ... Ach nee, ich hab keine Lust.

Kommt immer mal wieder vor, dass ich keine Lust habe. Ich habe selten Lust, das Auto zu pflegen, zum Rasenmähen habe ich grundsätzlich keine Lust, der Lustfaktor so mancher Gremiensitzung bleibt mir meist verborgen. Keine Lust! Wenn das meine Söhne sagen, weil's ans Zimmer-Aufräumen geht, wenn ich von einem Kollegen Hilfe bräuchte und er mir deutlich signalisiert, dass er dazu nun gerade keine Lust hat – dann kann ich sauer werden. Mir selbst gestehe ich die Lustlosigkeit in der Regel eher zu ...

Die Lust aber auch: Lust an mal lauter, mal leiser Musik und an einem guten Buch, Lust auf das (alkoholfreie) Abendbier, Lust am Lachen, am Scherzen, an innigen Momenten und auf Rosenduft und Erdbeeren, auf Freundschaft, Gespräche, und auf Leichtsinn, Blödsinn, Unsinn auch.

Aber ach, ich höre die Kritiker: »Nun mach mal halblang, Thomas Weiß! Lust – das zwielichtige Wort gehört ja wohl nicht in den religiösen Wortschatz. Lust – als »luxuria« steht sie in der Liste der sieben Todsünden, Lust öffnet der Versuchung Tür und Tor, Lust ist leichtfertig. **181**

Weit gefehlt, ihr Kostverächter, ihr Sauertöpfe! Gott selbst hat Lust: »Gott führt mich hinaus ins Weite, Gott reißt mich heraus, denn er hat Lust zu mir« – freut sich der alte David im 18. Psalm. Wenn Gott Lust hat, hat das mit seiner Liebe zu tun, mit der er uns leidenschaftlich sucht; wenn Gott Lust hat, sehnt er sich nach unserer Nähe; wenn Gott Lust hat, nimmt er viel auf sich (ein Menschenleben, ein Kreuz), um bei uns zu sein. Wenn Gott Lust hat ... dürfen wir das auch! »Hab deine Lust an Gott!« – rät David in einem anderen Psalm, an Gott – und am Rest seiner Welt bestimmt auch.

Und was mach ich jetzt mit meiner »Geistlichen Kolumne««? Ach, sehen Sie, jetzt hat sie sich ganz von allein geschrieben! Lustig!

Gott, schaffe Raum in meinem Herzen für deine Lust,
für deine lebendige Gegenwart, deine bewegende Nähe.
Schaffe Raum und hilf mir, mich aufzutun, damit etwas
von deiner Leidenschaftlichkeit in mich hineinfällt.

Perfektest

Der Herr Pfarrer W. aus B-B – wir haben nicht viel miteinander zu schaffen, aber wenn, ist's nicht unangenehm –, der Herr Pfarrer W. aus B-B, hält (ein wenig eitel) große Stücke auf sein Sprachgefühl: Er nimmt es sehr genau. Sagt einer, dass etwas »im wahrsten Sinne des Wortes« so oder so sei, wendet er sich angeekelt ab oder rümpft wenigstens die Nase. »Was kann wahrer sein als wahr?«, fragt er rhetorisch – und hat ja nicht Unrecht damit. Dasselbe, wenn einer irgendetwas »perfekter« oder »vollkommener« findet als anderes, denn was sollte – meint der Herr Pfarrer W. aus B-B – dem Vollkommenen noch hinzugetan werden? Und bei der Aufzählung: »Ersterer« von Dreien oder »Letzterer« von Hunderten (tat dies und das, las hier eine kurze Besinnung oder legte das Buch gelangweilt zur Seite), will er wissen: »Wer hockt denn da vor dem Ersten, der Nullte? Auf einem Lineal steht das so, aber unter den Menschen gibt es keine Null!«

Wo er Recht hat, hat er Recht!

Darum übertreibt es die Bibel wohl auch nicht. Nirgendwo ist die Rede davon, dass Gott »vollkommener« sei, oder der »Perfekteste«, der »Gegenwärtigste«, »am ewigsten«. Da ist Gott doch viel bescheidener. Gott ist gut – damit ist schon alles gesagt.

Ich finde, das macht den großen Gott auch sehr menschlich. Er braucht nicht Glanz und Gloria, nicht blendendes Sonnenlicht und »perfekteste« Auftritte, so dass das Publikum staunt und alle Münder stehen offen. Es genügt, dass er da ist, zugewandt, zärtlich, so leise oft, dass ich ihn kaum bemerke, so unscheinbar, dass ich ihn schier übersehe.

Er ist auch nicht »am liebevollsten« und am »verlässlichsten«, er ist schlicht liebevoll und verlässlich, ganz einfach – aber das ist er ganz und gar. Und er ist am nächsten, am »nahesten«, so, dass er uns kennt, um uns weiß, aufmerksam hört, jedes Wort und jedes Schweigen versteht.

Das ist doch perfekt, das ist doch vollkommen – und das ist wahr.

Der Herr Pfarrer W. aus B nickt angelegentlichst mit dem Kopfe.

Genau, wie ich es brauche, nicht zu nahe, nicht zu fern, nicht zu mächtig, nicht zu schwach, nicht zu eifrig, nicht zu vorsichtig stehst du zu mir. Danke, mein Gott, dass du so achtsam bist.

Wenn alle Stricke reißen

»Also, wenn alle Stricke reißen, dann rufst du mich halt an und ich komme!« »Wenn alle Stricke reißen, dann kehr ich eben um.« »Und was mach ich, wenn alle Stricke reißen?« Diese Wendung kennen Sie sicher auch: wenn alle Stricke reißen. Damit ist nie was Gutes gemeint. Wenn alle Stricke reißen, dann geht etwas schief. Dann finde ich den Weg nicht, dann klappt mein Plan nicht, dann stehe ich ratlos da und muss Hilfe suchen.

Mein »Wörterbuch der sprichwörtlichen Redensarten« (tolles Ding!) sagt mir: Wenn alle Stricke reißen, dann ist der Notfall eingetreten, dann ist etwas fehlgeschlagen. Kann man sich ja auch bildlich vorstellen: Wenn die Stricke reißen, dann fällt mir, was ich am Strick hochziehen wollte, aufs geliebte Haupt; oder das Seil, an dem ich den Ochsen führe, reißt und ebendieser büxt mir aus. (Nicht dass ich schon mal ein Rindvieh an der Leine hatte, aber richtig schön ist es bestimmt nicht, wenn das durch die Gegend trabt – ohne Strick.)

Die Bibel kennt noch einen ganz anderen Sinn vom »Stricke reißen«: Denn da, in der Bibel, heißt es, wenn alle Stricke reißen – bin ich frei. Im beschwingten, alten Kirchenlied »Jesus ist kommen« wird in der zweiten Strophe mit viel Lust und Lebensfreude gesungen: »Jesus ist kommen, nun springen die Bande, Stricke des Todes, die reißen entzwei …« Herrlich, oder? Wenn alle Stricke reißen, also: Wenn *diese* Stricke reißen, die des Todes, dann ist das alles andere als ein Notfall. Dann hat die Not ein End!

Denn verstrickt fühle ich mich schon manchmal, verstrickt in Trauer und Lebens-Unmut, verstrickt in meine Fehlerhaftigkeit und meine Endlichkeit. Die Tatsache, dass ich sterblich bin, schlägt mir schon manchmal aufs Gemüt. Ihnen auch?

Dann haben wir gute Nachrichten: Diese Stricke reißen!

Und dann ist es auch gar nicht sooo schlimm, wenn mal (im sprichwörtlichen Sinn) alle Stricke reißen, zuallerletzt ist keine Not so groß wie der, der uns frei macht von Not und Tod. Also, wenn alle Stricke reißen, dann weiß ich: Die schlimmsten Stricke sind zerrissen, was mich an Last und Tod binden will, das ist aufgebrochen – schon längst. Ich brauch mich nicht zu fürchten. Im Gegenteil: »Jesus ist kommen, Grund ewiger Freude«!

Zerreiß, was mich bindet, reiß mich heraus aus dem, was mich lähmt, reiß mich hinein in deine Lebendigkeit, mein Gott. Und ich bin ganz hingerissen von dir!

Themenregister

Der Autor:
Thomas Weiß, geboren 1961, Studium der Evangelischen Theologie in Biele-
feld und Heidelberg, danach Arbeit in Gemeinden Süd- und Nordbadens
und als Erwachsenenbildner in Freiburg. Mitglied der Gesellschaft für
zeitgenössische Lyrik, Leipzig, Stipendiat und Mitglied des Förderkreises
deutscher Schriftsteller in Baden-Württemberg, Stuttgart. Derzeit arbei-
tet er als Leiter der evangelischen Erwachsenenbildung in der Badischen
Landeskirche (Landesstelle für evangelische Erwachsenen- und Familien-
bildung, Karlsruhe). 2020 wurde er in das PEN-Zentrum Deutschland
aufgenommen. Thomas Weiß lebt in Baden-Baden.

www.weissth.de

MIX
Papier aus verantwor-
tungsvollen Quellen
FSC® C014889
www.fsc.org

Klimaneutral*
Druckprodukt
ClimatePartner.com/14044-1912-1001

Penguin Random House Verlagsgruppe FSC® N001967

1. Auflage
Copyright © 2021 Gütersloher Verlagshaus, Gütersloh,
in der Penguin Random House Verlagsgruppe GmbH,
Neumarkter Str. 28, 81673 München

Umschlagmotiv: www.pixabay.com
Druck und Bindung: Friedrich Pustet GmbH & Co. KG, Regensburg
Printed in Germany
ISBN 978-3-579-07166-4
www.gtvh.de